CB046201

Nesse corpo tem gente!
Um olhar para a humanização do nosso corpo

Maria Lúcia Teixeira da Silva

Nesse corpo tem gente!
Um olhar para a humanização do nosso corpo

© 2004 Casa do Psicólogo Livraria e Editora Ltda.
É proibida a reprodução total ou parcial desta publicação, para qualquer finalidade, sem autorização por escrito dos editores.

1ª edição
2004

Editores
Ingo Bernd Güntert e Myriam Chinalli

Assistente Editorial
Sheila Cardoso da Silva

Produção Gráfica
Renata Vieira Nunes

Capa
Renata Vieira Nunes, sobre ilustração de Rodin, Nude woman standing, from behind

Ilustração de Miolo
Rose Campos

Fotografia da Autora
Fernanda Sá

Editoração Eletrônica
Valquíria Kloss

Revisão
Rose Campos e Sônia Scala Padalino

Dados Internacionais de Catalogação na Publicação (CIP)
(Câmara Brasileira do Livro, SP, Brasil)

Silvia, Maria Lúcia Teixeira da
   Nesse corpo tem gente! um olhar para a humanização do nosso corpo / Maria Lúcia Teixeira da Silva. – São Paulo: Casa do Psicólogo®, 2004.

Bibliografia.
ISBN 85-7396-362-X

   1. Corpo humano – Aspectos sociais 2. Mente e corpo 3. Terapias corporais (Psicoterapia) 4. Vitalidade I. Título II. Título: Um olhar para a humanização do nosso corpo.

04-7022   CDD-615.851019

Índices para catálogo sistemático:
1. Terapias corporais: Aspectos psicológicos   615.851019

Impresso no Brasil
Printed in Brazil

Reservados todos os direitos de publicação em língua portuguesa à

Casa do Psicólogo® Livraria e Editora Ltda.
Rua Mourato Coelho, 1.059 – Vila Madalena – 05417-011 – São Paulo/SP – Brasil
Tel./Fax: (11) 3034.3600 – E-mail: casadopsicologo@casadopsicologo.com.br
http://www.casadopsicologo.com.br

À Juliana, que com sua amorosa paciência foi o acalanto dos meus dias difíceis.

Ao Fábio, que com o seu amor avesso, me ajudou a percorrer novos caminhos

À Marina, que com sua delicada leveza alegrou o meu coração.

Agradecimentos

Agradeço a todos que, de alguma forma, contribuíram para que este percurso fosse realizado, e quero citar algumas pessoas que, em especial, definiram os caminhos:

Yvonne Vieira, Maria de Melo Azevedo, Rose Campos, José Roberto Auriemo, Bobby Thompson, Lina e José Carlos Teixeira da Silva.

Sumário

APRESENTAÇÃO
    TEMOS UM CORPO OU SOMOS UM CORPO? 11

Primeira parte

1 – O CORPO: A BASE DA EXPERIÊNCIA DA VIDA 17

    O corpo é a forma concreta do nosso jeito de sentir e expressar nossa ação no mundo 17

    A difícil tarefa de tocar e revelar à pessoa o seu núcleo de vitalidade é outra função da terapia corporal 24

2 – A ESTRUTURA CORPORAL FORMA AS BASES QUE ELEGEMOS COMO MATRIZ EXPRESSIVA DO NOSSO MUNDO INTERNO 31

    Tem um jacaré embaixo da minha cama 31

    Relações amorosas: um capítulo à parte... 33

    Neocórtex – o grande maestro 38

3 – A sexualidade do corpo 45

    Corpo de mulher 49

    O feminino e o feminismo 88

Segunda parte

4 – Conceito de campo, ressonância e acoplamento 97

5 – Corpo e vitalidade: uma rede colaboradora 103

    Saúde: um conceito em movimento.. 103

6 – O corpo social 119

7 – Neste corpo tem gente! 135

    A Brasilidade do Corpo 135

Posfácio 141

Referências bibliográficas e leituras de apoio 145

Apresentação

Temos um corpo ou somos um corpo?

Apesar de nosso corpo ser o contato mais imediato com a nossa existência concreta, raramente paramos para perceber como sentimos essa relação em nossa vida e nem percebemos que o tempo todo estamos expressando os conflitos dessa relação delicada: eu, meu corpo, eu corpo.

Claro que nos olhamos freqüentemente no espelho e nos reconhecemos no corpo que vemos. Mas será que vemos?

A projeção de imagens corporais que inundam o nosso arquivo mental com certeza se encarrega de deturpar a visão que temos de nós mesmos e que nos contam quem somos.

Nascemos, somos um corpo pequeno em formação e através de cada cuidado ou descuidado, de cada atenção ou desatenção vamos avidamente construindo a sensação de ser. No início muito primariamente, buscando gratificações que nutram a necessidade de sobrevivência, conforto e proteção. Com essa etapa garantida, partimos para buscar os objetos do desejo, evitando a qualquer custo as frustrações inevitáveis dessa jornada. Começa a percepção de que não estamos sozinhos e de que muito do nosso bem-estar ou de nossas raivas e frustrações estarão condicionadas à relação que experimentamos com outros e com o meio em que vamos nos desenvolver.

Nosso corpo é quem estará recebendo ou emitindo sinais que poderão influenciar, e muito, o sucesso de nossa jornada.

Nosso corpo muda, muda nossa capacidade de apreender o mundo e mudam as pessoas que compõem o nosso universo de existência. A nossa relação eu-corpo sofre com a ausência de atualidade com que nos movimentamos na vida.

O corpo biológico, o corpo forma, o corpo idealizado, o corpo psicológico. Temos várias abordagens que condicionam a relação que estabelecemos com a nossa "sede" de expressão de nós.

O primeiro momento em que parei para olhar e identificar o corpo como uma expressão de mim foi na adolescência, logo após aquele turbilhão de mudanças que começam por volta dos 11 anos e se arrastam até os 15 ou 16. Nesse momento eu era eu, mas não tinha nenhuma familiaridade com meu corpo. Era como se vestisse uma roupa emprestada, sem identidade. A sensação de estranheza me impulsionou a buscar as abordagens que, na época, se propunham a revelar o universo do corpo, para além da forma. Nessa ocasião, poucas pessoas sabiam que somos co-construtores de nossos corpos e que participamos ativamente das transformações corporais que vivemos ao longo da vida.

A aproximação com a ioga foi o que, no momento, me pareceu mais fascinante, até porque era apresentada por uma cultura "exótica" que valorizava a "energia vital" que circula nos corpos, pregando que a autodisciplina e os processos de purificação e concentração facilitariam a percepção de um equilíbrio das funções fisiológicas, repercutindo nas atitudes mentais e espirituais do corpo.

A concepção de que o corpo está conectado à mente e ao espírito como um caminho de realização foi, para mim, a grande abertura para o entendimento do corpo como um processo dinâmico. Um longo caminho que teve início nos meus 15, 16 anos, e desde então vem se perpetuando, em várias fases da minha vida, motivando-me a me aprofundar em abordagens de terapias corporais com os mais variados enfoques e estimulando-me, agora, a organizar esse conhecimento e essas experiências para que mais pessoas possam perceber-se corpo e conviver com intimidade com as informações que interessam para poder respeitá-lo (respeitar-se), amá-lo (amar-se) e vitalizá-lo (vitalizar-se).

Primeira parte

Capítulo 1

O corpo: a base da experiência da vida

O corpo é a forma concreta do nosso jeito de sentir e expressar nossa ação no mundo

Quando somos apresentados a alguém, é claro que o que conhecemos é a presença física que essa pessoa nos mostra. Logo pensamos: "fulano é bonito ou é feio"; "é gordo ou é magro"; "é agradável ou aversivo" etc. Nunca pensamos que ele "*está* assim", compreendendo que a forma é mutante e que se essa pessoa está assim nesta fase de sua vida, ela certamente se modificará fisicamente, em cada etapa significativa de sua história.

Além dos fatores genéticos e ambientais a partir dos quais nos desenvolvemos, existem os fatores emocionais e afetivos, que são de grande influência nos processos de transformações corporais por que passamos. Não só na forma plástica, mas no metabolismo e no equilíbrio das funções fisiológicas do corpo.

Todos esses fatores interligados serão os principais responsáveis por como nos organizamos e nos comunicamos corporalmente. São gestos, movimentos e formas que influenciarão e limitarão a nossa expressão na vida.

Cada vez mais temos consciência de que é exigido de nós um corpo saudável, modelado e que seja reconhecidamente bonito. A indústria da beleza está aí para confirmar a importância que a sociedade atual dá à forma e o fato de estarmos cada vez mais exigentes em relação aos padrões de beleza aceitos culturalmente. Mas, o que o corpo acha disso?

Das várias escolas de abordagem corporal, as que mais me interessaram foram as que pensam o corpo integrado, como um sistema biológico harmônico, inteiro em suas várias manifestações e que percebemos que pertence e influencia o sistema maior: o mundo em que estamos inseridos, o mundo que reconhecemos e com o qual nos relacionamos.

A nossa constituição emocional básica deixa marcas que definem nossa estrutura e organizam a arquitetura do nosso pensamento, do nosso sentir, do nosso falar e do nosso agir.

Neste sentido, as abordagens ditas terapêuticas buscam identificar os processos emocionais limitadores da nossa auto-expressão, para que o organismo responda com mais vitalidade e espontaneidade às solicitações da vida.

O equilíbrio funcional do corpo, em seu processo de desenvolvimento, reflete sua harmonia na forma, traduzindo-se em beleza.

Todas as abordagens que se propõem a trabalhar o corpo mobilizam de modo direto ou indireto todas as estruturas do organismo, não só a muscular, mas também as estruturas dos sistemas nervoso central – através dos neurotransmissores e neuro-hormônios – as estruturas do sistema vegetativo – simpático e parassimpático – e a psicológica, pelas representações no universo simbólico e tomadas de consciência.

Quando tocamos o corpo de alguém, estamos mobilizando sentimentos, emoções, sensações que se manifestam no meio interno do organismo e que se traduzem em alterações que nos permitem decodificar as sensações e sentimentos dessa experiência.

O toque sugere relação, expansão em direção ao outro! E as nossas primeiras marcas afetivas são o registro do toque acolhedor ou não, carinhoso e delicado ou ansioso e brusco que experimentamos nos primeiros momentos de nossa vida.

Registramos, a partir do contato feito com nossa mãe, o sentir-se bem ou o sentir-se mal. O corpo nos conta nossa história emocional e afetiva a partir das marcas deixadas em nossa estrutura. Fala de nossa disponibilidade afetiva para sentir o prazer de estar no corpo com o outro, ou de como o anestesiamos e nos fechamos afetivamente para evitar o ruim do outro em nós.

Aqui já começamos a compreender que o nosso repertório afetivo tem origens muito primitivas, e que gestos e códigos de relação trazem os ruídos das fases iniciais do desenvolvimento do nosso corpo. São experiências básicas, diretas, definitivas na expressão plástica do nosso corpo, que influenciam o nosso jeito de nos expressar no mundo.

O olhar da mãe e o aconchego do seu corpo nos confirmam. A sensação de ser e existir ajuda a definir nosso corpo como uma estrutura real, vibrante e viva. A sensação confirmada contorna nosso corpo, nos dá limites que permitem o reconhecimento sensível de ser, sem precisar expandir-se demais para ser percebido, nem se contrair demais para se tornar invisível e não causar incômodo.

A ausência da sensação de ser contido e aceito pelo olhar materno nos deixa ansiosos e sem referências a respeito de nós mesmos. A falta de referência do nosso contorno corporal nos torna ávidos pelos corpos alheios. Queremos outro corpo, não percebemos o nosso; é sempre o outro que tem o corpo que gostaríamos de ter. O nosso esquecido corpo se dilata e se contrai, se anestesia e fica suscetível, por não sentir que existe na realidade de si mesmo.

Na ânsia de existir e sobreviver, muitos dos processos internos se alarmam. Os mecanismos de alerta se instalam, pedindo socorro, e o meio interno do organismo se altera, na tentativa de atender ao corpo amedrontado.

Esta situação estabelecida é que vai determinar comportamentos, motivações e escolhas. Gostemos ou não, o corpo ávido, na ânsia de se salvar, mobiliza recursos de urgência para resistir a todos e a tudo. Estas soluções podem incluir: comer demais para avolumar-se e ser notado, perder os limites para ver se consegue tocar alguém, comer de menos para sumir, paralisar para ficar invisível, sair de si para não ter que encarar a própria realidade.

São inconfessáveis as resoluções do corpo e sua sensibilidade ferida atua para se proteger, estabelecendo formas de isolamento a fim de não se colocar em risco.

O excesso disso ativa nossas armaduras e fixa nosso corpo neste jeito desesperado de ser.

O corpo, que para ser precisa recorrer à penosa experiência de se imobilizar, perde vitalidade, encouraça-se em uma estrutura que precisou se desligar de sua própria realidade.

A confusão que se estabelece na nossa auto-imagem, na auto-percepção, causa um grande bloqueio nas condições de vitalidade e expressão do eu-corpo.

Nessas condições, não conseguimos definir nossa própria forma e nos distanciamos, para nos proteger, do contato físico e emocional.

Sem nos sentir no corpo, passamos a existir em um universo mental, projetado e imaginário, passamos nosso comando a um 'eu que penso que sou', vivendo sem corpo – e portanto sem limites – abusando do organismo e de suas relações emocionais e afetivas.

O corpo sem continência e sem contorno ressente-se, não sabe que já é e passa a seguir modelos para ser: "Você tem que emagrecer!" "Você tem que engordar!" "Você tem que" inúmeras coisas que muitas vezes agridem as características próprias de ser, reforçando o que sempre esteve marcado no corpo: "Você não serve!", acentuando ainda mais a sensação de rejeição atuada pela obesidade ou anorexia, compulsão, etc.

Lembro de Anita, uma adolescente de 18 anos que me procurou depois de uma lipoaspiração, mamoplastia, e dezenas de regimes mal sucedidos.

Não conseguia se sentir bonita e dirigia a sua expectativa de se encontrar a mim. Queria seu corpo de volta... E se sentia solitária e infeliz.

Começamos a conversar. Contou-me que seu pai havia abandonado a família quando era ainda muito pequena e que sua mãe, não conseguindo superar o trauma da separação, tornara-se uma mulher muito deprimida e amarga, sem razão para viver. E que ela, mesmo pequena, assumira para si a tarefa de sustentar a casa: ela seria grande, seria a alegria da casa!

Seu corpo se ressentiu, ávido por comida, para estocar energia para esta empreitada. Ela se tornou uma criança voraz por comida, por afeto, por contato, uma vez que tinha perdido a sensação de ter mãe, e a sua criança precisava sobreviver.

Engordou muito e se culpava por não conseguir cumprir sua promessa, já que sua mãe não se recuperou. A mãe nunca voltou a ser alegre e ela, nem com todo o esforço do mundo, teria conseguido substituir seu pai.

O feminino em seu corpo gritou a dor de não poder se expressar. Sem espaço, seu corpo se tornou amorfo e não se desenvolveu como um corpo de mulher. Meio criança e meio menino: foi essa a forma que encontrou para revelar a falta que sentia de seu pai e o medo de ser a mulher sofrida que sua mãe representava. Sem perceber os seus sentimentos, registrou que algo de muito errado se passava com ela: não tinha os quadris delineados, a cintura se juntava com o peito e a gordura encobria a forma feminina do corpo.

Não tolerava o contato físico, por se sentir ameaçada e envergonhada do que seu corpo revelava na forma e no gesto.

Nessa época, eu dirigia um grupo de movimento cujo objetivo era criar um espaço para o corpo se expressar, sem modelo para ser imitado, garantindo o gesto pedido pela própria sensação corporal, reconhecendo e acolhendo a necessidade expressiva de cada um.

Foi ao participar dessa proposta que Anita se deu conta do imenso vazio que sentia e que precisava preencher comendo o tempo todo qualquer coisa, para estancar a dor de não poder ser mulher.

Aos poucos, foi se contendo e acolhendo o que tinha de si: a dor de não poder ser. Foi com muito cuidado (até porque feridas pedem delicadeza) que retomou o contato com o corpo que fora cortado nas cirurgias e flagelado com a fome. Assim, ela foi passando a ser sua verdadeira mãe, atenta às suas necessidades, às fomes verdadeiras e às carências afetivas, colocando e arrumando cada coisa em seu lugar. Acolheu e aceitou o corpo ferido daquele momento, abrindo o processo curativo de si mesma.

Nessa ocasião, ficou para mim muito evidente que a emoção e o afeto são a principal chave transformadora da nossa estrutura corporal.

O corpo novamente se revelava, como um universo muito mais complexo do que aquele que eu havia dissecado em laboratório, ao buscar as relações neurovegetativas e neuro-humorais decorrentes das situações de estresse físico.

A aproximação de Anita me tocou profundamente pelas atrocidades e violências que repetidamente haviam sido impostas àquele corpo sem que ele fosse reconhecido como tal.

As bases neurofisiológicas estão presentes nas experiências emocionais e nas angústias experimentadas pelo corpo em seu processo de vida e em cada crise desencadeada. Mas não atentamos a elas até que o corpo adoeça ou se deforme.

Uma série de conexões é acionada e a estrutura plástica do organismo se rearranja e se adapta para responder às necessidades vitais e existenciais do corpo-ser. Entram em cena os neurotransmissores centrais, os neurormônios, o sistema neurovegetativo, e o sistema muscular estriado, buscando compensar e capacitar o organismo para responder a essas necessidades.

O pensamento e as articulações que buscam uma saída para situações difíceis são condicionados pelo ambiente interno de nosso corpo, que facilita ou dificulta nossa vida. Por exemplo, quando estamos deprimidos, somos mais pessimistas; quando estamos mais confiantes, temos saídas mais criativas.

A forma de nosso corpo, as características do nosso metabolismo e a disposição neuro-humoral contam a história de nossa vida: é principalmente neles que está depositado o inconsciente e que está registrada a marca de como criamos as nossas formas de pensar, comunicar, amar e de nos ligar afetivamente.

Na fala de Gino Ferri, um dos mais respeitados analistas corporais da atualidade, "o nosso bem-estar é um estado de harmonia e equilíbrio entre o aqui e o agora, o dentro e o fora. Produto das marcas que as experiências da primeiríssima infância e da vida intra-uterina deixou em nós".

Por isso, vale a pena chamar a atenção para o modo em que fomos recebidos e para as estruturas emocionais que predominavam em nossa mãe, na época do nosso nascimento: uma mãe depressiva demais para amar, uma mãe controladora demais para relaxar, uma mãe fria e sem condições de acalentar, ou simplesmente uma mãe vítima do papel estereotipado, ansiosa para desempenhar e que projeta no filho seu sucesso, fazendo dele seu troféu. Penso que essa é a mãe que mais encontramos, hoje, na sociedade: moldada principalmente por um comportamento competitivo e consumista. São mães que ficam encantadas com sua produção e projetam um futuro ideal para o filho cumprir. Olham além dele... Olham através dele... Olham para as próprias fantasias de realizações... O corpo – recebido dentro deste projeto já pronto de ser filho prodígio – registra as expectativas às quais tem de corresponder e as promissórias que terá que pagar ao longo de sua vida. E aprende a se olhar sem se ver!

Está além de si e, muitas vezes, esconde sentimentos de insuficiência para empreender o seu destino.

Marcos sofria desta sina, era já um homem e tentava ser o filho perfeito!

Sua presença se sustentava em um olhar baço, quase desfocado, que não condizia com o físico modelado e com os traços bem feitos. Muito educado, cerimonioso até, se restringia a responder adequadamente a todas as perguntas, sem alterar sua expressão, adivinhando o que se esperava dele. Falava pouco para não errar, mas sua mandíbula cerrada contradizia a sua placidez e o pescoço rígido delatava o projeto vaidoso de perfeição. Sofria de ataques de pânico cada vez que era "testado" pela realidade; relatava que sentia como se o chão se abrisse e o engolisse a cada confronto com as etapas básicas de crescimento: fazer uma prova na escola, uma viagem mais longa, todas as situações que pediam sua presença real e que o tiravam do seu "automático". Situações que exigiam que ele se ligasse ao mundo o assustavam.

Como não vivia para si, mas para o sucesso, era vítima do medo de fracassar. Seu olhar sem contato e ausente parecia a única forma que articulara para revidar a falta de afeto. Nascera para ser grande, mas o menino pequeno chorava a dor de não ter sido aceito e acolhido na sua realidade. Negou-se ao afeto e se movimentava de forma mecânica, quase um robô. Negava os outros, que em sua imaginação só existiam para desafiá-lo e expor seu fracasso.

Do jeito que chegou, foi embora. Eu nunca soube se ele recebeu o meu afeto, se me perdoou por ser alguém real, se levou consigo alguma lembrança do nosso estar juntos.

Mas ele ficou em mim, deixando a impressão forte de alguém aprisionado em formas e formalidades, isolado em seu mundo perfeito, sem acesso à vida e ao prazer.

A difícil tarefa de tocar e revelar à pessoa o seu núcleo de vitalidade é outra função da terapia corporal

Outra função das terapias corporais é reconhecer, no corpo, os movimentos que se instalaram e se fixaram como formas vazias, em defesa da própria sobrevivência e, a partir dessa observação, contar às pessoas que, por estarem aprisionadas a gestos sem sentido e a pensamentos viciados e sem vitalidade, o organismo se ressente e a vida se paralisa.

Em todo corpo tem gente, por mais retraída que esteja a vitalidade, por mais distante que esteja a percepção de que é possível querer, sentir, pedir... Sabemos que este núcleo se recolheu em algum lugar do corpo e que pode ser tocado, delicadamente convidado a voltar a se expressar com a garantia de que será ouvido, respeitado e reconhecido.

Nossa cultura enfatiza papéis e desempenhos. Somos filhos, pais, profissionais e, muitas vezes, nos relacionamos com a função, esquecendo "a gente" que está ali.

Nossas falas nos denunciam: "Minha mãe não me compreende!" "Meu pai não participa da minha vida!" "Meu chefe me tortura!" Dentro dessas funções tem gente, que com suas histórias, carrega dificuldades para desempenhar certos papéis. São mães que desejam ser filhas, pais que não suportam nem a si mesmos e se sentem sobrecarregados pelo compromisso de sustentar os filhos, são chefes frágeis que só sentem a própria força no grito. São essas as verdadeiras motivações que comandam as ligações possíveis que realizamos na nossa história.

Ninguém vai além de si mesmo, e admitir as motivações emocionais básicas de nossas relações é o primeiro passo para revitalizá-las.

Muitos de nós, fixados no modelo que o papel relacional impõe, perdem a oportunidade de estar junto a partir do sentimento, da afetividade e do prazer. Repartir *"a gente"* que há em nós é o caminho para humanizar nossos relacionamentos.

A falta de contato com nossa humanidade nos torna perversos críticos dos outros. Projetamos nos outros as falhas que não vemos em nós, até porque, desumanos, não percebemos nossas imperfeições. Sabemos tudo sobre os outros e sobre como deveriam ser e fazer.

E nós?

Como "a gente" em nós responde aos comentários destrutivos? Que sentimento nos liga aos outros quando estamos esquecidos de nós?

Sentimos medo da crítica e criticamos muito, estamos sempre ambivalentes e sem contato com o que realmente queremos.

Marta sabia tudo sobre todos, ***uma verdadeira* expert** em como devemos ser. Sua agitação transbordava do corpo, não se dava conta de que estava sempre fora de si e que não se continha. Precisava do outro para se amparar, sentir limites e se controlar. Refugiava-se em teorias, regras que lhe davam as referências que lhe haviam sido negadas durante a infância. Cresceu sozinha, com pais ocupados e ausentes. Sua companhia foi a TV.

Essa relação, sem relação, com os personagens televisivos lhe deixou uma forte sensação de que não conseguia tocar ninguém e que sempre precisaria de muito esforço para se fazer notar.

Falava alto, gesticulava muito e, na sua urgência, invadia de tal maneira as situações e os espaços que era evitada por todos. Sem perceber, estava sempre fixada na situação infantil que a fizera sofrer, continuava sozinha.

Achava-se espontânea, gentil, generosa, mas a realidade lhe contava outra história, era constantemente taxada de egoísta, exagerada e descontrolada.

Essa disparidade entre a própria percepção, a realidade e sua atuação teórica era o que a deixava sozinha.

O que de fato realizamos em nossos relacionamentos é reflexo das cisões que fazemos ao longo de nossas histórias para não sentir as dores que não conseguimos elaborar.

O alheamento se encarrega de criar fantasias a respeito de nós mesmos e dos outros. Assim, passamos a viver uma realidade paralela que nos ilude a respeito de nós mesmos e de nossas vidas. Isto nos impede de construir e preencher os nossos vazios.

Reconhecer as Anitas, os Marcos e as Martas que carregamos dentro de nós aproxima-nos de todos os outros, humaniza-nos, para então podermos abrir o peito e receber a vida afetivamente.

Se precisarmos engessar o peito como uma armadura para nos proteger do outro e da vida, nossas experiências ficarão restritas às nossas intenções intelectuais, sem atitudes capazes de traduzir o nosso conteúdo amoroso em um gesto.

Confundimos a experiência de nos abrirmos afetivamente com a de nos expormos sem contato, colocando-nos em risco. Machucamo-nos e com isto justificamos nossas desconfianças de que não devemos mesmo acreditar em ninguém.

Um dos meus queridos professores, Federico Navarro, costumava dizer que o peito, a nossa estrutura do afeto, *acolhe* o "Eu que sou" e a cabeça *atua* o "Eu que penso que sou".

A falta de contato real com nossas possibilidades afetivas inviabiliza as ligações mais profundas e mais comprometidas, necessárias ao desenvolvimento da experiência amorosa, passaporte para as nossas dimensões mais sensíveis e sutis.

Nossos códigos afetivos são o portal para incluir o outro em nosso universo pessoal, disponibilizando gestos e palavras que traduzem essa capacidade de comportamentos amorosos, altruístas, éticos e humanistas. Tais condições são necessárias para nossa evolução como espécie e como sociedade.

Na fala de Humberto Maturana, uma biologia amorosa é o fundamento do nosso ser social. "O amor é a emoção que facilita as condutas para a percepção e aceitação do outro na convivência". Portanto, para esse biólogo empenhado em reconduzir a sociedade às suas dimensões mais vitais, "o amor é a emoção que funda o social".

Tenho para mim que damos pouca atenção aos processos emocionais que definem nosso corpo, nosso comportamento, nossas possibilidades e nossos limites. A emoção é um dos fatores que influenciam e comprometem nosso desenvolvimento pessoal e definem nosso destino como grupo social.

Penso que o peito, como arcabouço do afeto genuíno e inclusivo, é um dos passaportes importantes para a construção de novos movimentos sociais.

Somos de natureza gregária, precisamos uns dos outros, queremos pertencer e nos reconhecer em nossos iguais, colocar nossa singularidade a serviço de nossa humanidade. Essa questão não pode mais ser um discurso intelectual, desconectado do elemento essencial para o processo de transformação que é a humanização da "gente" que trazemos dentro de nós.

Mas nossa vida hoje aponta para outra direção: vivemos como se estivéssemos em um campo de batalha onde precisamos garantir nossa sobrevivência cada dia, como nossos ancestrais na era das cavernas. Não mudamos muito...

Esse combate coletivo faz de nós corpos medrosos, verdadeiros guerrilheiros solitários. O corpo preparado para vencer não pode sentir, não pode fraquejar e, inundado de adrenalina, parte para a luta cotidiana de conquistar o seu espaço no mundo, buscando sucesso e poder.

O que não percebemos é que o coquetel hormonal que provê tal comportamento belicoso inibe um outro coquetel necessário para a construção e estímulo de comportamentos gregários e cooperativos: ***os vínculos amorosos***.

O corpo hormonal se divide entre o cooperativismo intelectual e a conquista estimulada e reconhecida do sucesso individual. Na competição, só resta um e, nos comportamentos de sobrevivência, há o sempre famoso "primeiro eu!".

De maneira muito simplificada, e sem entrar nos detalhes da neurofisiologia dos comportamentos agressivos e afetivos, já podemos ter uma idéia da confusão que vivemos e de como estamos cindidos entre as experiências necessárias para o nosso desenvolvimento pessoal e as atitudes que tomamos para cumprir aquilo que a pressão social impõe.

Ficamos tensos, nossa boca seca, sentimos tonturas, vertigens, ficamos perdidos e o corpo colapsa. Não temos mais a âncora que nos amparava.

Só então reconhecemos que é o nosso corpo que determina o destino e a qualidade de nossas experiências.

Mas o corpo é mais plástico do que acreditamos e somos co-autores das mudanças no nosso processo de ser corpo, nos vários níveis de sua expressão: muscular, psicológica, neurofisiológica e metabólica.

As terapias de cunho corporal atentam ao ***como*** participamos das transformações expressas em posturas, gestos, comportamentos e relações. Elas nos ajudam a reconhecer e a conviver com as emoções presentes no nosso corpo e a perceber que, no corpo, está a matriz de nossas ações no mundo.

Maria Lucia Teixeira da Silva

Caraíva/BA
01/jan/04

Capítulo 2

A estrutura corporal forma as bases que elegemos como matriz expressiva do nosso mundo interno

(O Cérebro Trino de MacLean)

Tem um jacaré embaixo da minha cama

Paul MacLean, cientista do comportamento e da evolução, desenvolveu um modelo funcional que denominou "cérebro trino", no qual as estruturas cerebrais estariam representadas por sua função, considerando o cérebro em três segmentos distintos: o complexo-R ou reptiliano, o cérebro límbico e o neocórtex.

O conjunto de estruturas responsáveis pela sobrevivência e funções básicas do organismo estaria representado pelo segmento mais arcaico, denominado por ele de Cérebro Reptiliano, ou Complexo-R. Essas estruturas forneceriam as condições funcionais para os comportamentos que garantem a sobrevivência, traduzindo ameaças reais ou imaginárias do mundo exterior para sua representação no mundo interior.

Esse conjunto de estruturas condiciona em si as reações básicas para o ataque e a defesa do organismo, respostas e ações a serviço da garantia de nossa sobrevivência, custe o que custar.

Se imaginarmos que um réptil é um sujeito cascudo e muito mal-humorado, já podemos imaginar o desastre que muitas vezes causamos ao reagir ao mundo desta maneira. Aquelas explosões incompreensíveis, as desconfianças sem fundamentos e as dificuldades de se colocar no lugar do outro são as reações mais comuns das pessoas confinadas nesta estrutura.

São os famosos **cascas-grossas**, que reagem sem perceber, dando as respostas mais arcaicas do nosso repertório de relação. Pessoas que têm dificuldades para acionar estruturas mais complexas, responsáveis por atitudes mais sutis e adequadas às demandas do cotidiano.

Geralmente, são estas as condições em que somos muito destrutivos, para nós mesmos e para os outros. Segundo MacLean, esse arsenal reativo é a base arcaica da nossa sobrevivência.

Contando com um pouco mais de recursos, podendo traduzir o mundo como um lugar mais ameno e gerando, portanto, respostas mais amistosas, existem as estruturas responsáveis por nosso afeto e emoções. Localizadas no cérebro límbico, estes segmentos são capazes de respostas mais complexas, lembrando que existe algo além da sobrevivência em nosso projeto de vida e que os vínculos afetivos e o prazer são até mesmo possíveis.

O chamado cérebro límbico é a representação emocional e afetiva interna do nosso universo de relação. A possibilidade de agir a partir de uma percepção mais sofisticada do mundo e de ser capaz de articular respostas mais construtivas diferencia-nos de nossos ancestrais do reino animal mais próximo. Através desse recurso, somos capazes de articular respostas mais compatíveis com a nossa humanidade.

O fato de ampliar as matizes pelas quais percebemos o mundo exterior alarga nosso repertório de comportamentos construtivos e o corpo pode começar então a sentir o prazer de incluir o outro no seu espaço existencial, facilitando os gestos e as atitudes mais sensíveis à cooperação, à ética e à estética.

O neocórtex, segundo esse modelo, seria o terceiro segmento e tem a função de integrar as representações dos outros segmentos e atuar como consciência, com conhecimento de si e do outro.

Claro que esse diagrama é só um modelo, mas pensando que o mundo, tal como o percebemos, está condicionado à organização de nossa estrutura e que a nossa capacidade de traduzi-lo está restrita às impressões que nos chegam por nossos sensores e códigos de comportamentos, acho interessante considerar este esquema, até para reconhecer que existe um jacaré dentro de nós.

Nas nossas crises, regredimos e nos isolamos para um lugar onde estão armazenados nossos medos mais primitivos – o nosso jacaré – que, junto com nossas assombrações, nos ameaça e nos deixa sem condições de perceber de forma mais realista o mundo fora de nós. Com um comportamento apertado, retraído e ameaçado, armamo-nos e saímos travestidos de jacaré, imobilizados e ferozes. Que ninguém chegue perto de nós!

Nosso coquetel hormonal desencadeia vários processos emocionais que definem nossa ação no mundo. Causamos estragos, nosso corpo se dispõe a comportamentos que nossa matriz interna determina. Sem perceber, somos acionados naquele ponto em que ainda somos jacaré, e salve-se quem puder!

Relações amorosas: um capítulo à parte...

Somos incentivados a buscar a experiência amorosa nos relacionamentos e essa busca ocupa muito tempo do nosso projeto de ser feliz.

Sempre que alguém vem ao consultório traz junto o seu outro ou a ausência dele. Por uma série de razões, o relacionamento amoroso é um aspecto fundamental da nossa vida. O que talvez fuja à nossa compreensão é que ele está além das proposições mais óbvias, como evitar o sentimento de solidão, garantir a perpetuação da espécie ou cumprir o modelo social de constituição de família.

A busca do outro é a experiência que realiza a transformação da estrutura emocional básica na direção do autoconhecimento. Nós nos sentimos confirmados pelo olhar do outro; o outro, como um espelho, revela nossa condição de existir afetivamente e nos ajuda a desenvolver instrumentos para lidar com sentimentos e emoções que sozinhos não conseguiríamos.

Essa busca desenvolve também recursos emocionais necessários para ampliar nossa percepção do mundo para além de nós mesmos. Neste sentido, o encontro amoroso é uma das experiências mais enriquecedoras para a nossa consciência. As motivações que realmente nos levam a nos apaixonar por uma pessoa, e não por outra, podem ser muito esclarecedoras a respeito de nós mesmos.

Nossa matriz afetiva tem início na primeira relação importante da nossa vida, o vinculo materno, que deixa suas marcas em nossa estrutura básica. Essas marcas continuam atuando em todas as relações de cunho afetivo que continuaremos encontrando por toda a vida.

Traduzimos o afeto na forma como o experimentamos em nossos corpos, nos primeiros anos de vida.

Os hormônios do afeto, ligados ao cérebro límbico, inundam nossos corpos, facilitando nossa expansão em direção ao outro. Nessa situação, expressamos todo nosso potencial afetivo. Podemos dizer que se manifesta o que há de melhor em nós.

A relação em si só começa a ser construída quando nossa estrutura afetiva – aquela que foi moldada por nossas primeiras experiências infantis – entra em cena. Costumo dizer que, no relacionamento amoroso, o protagonista é a nossa criança emocional.

Muitos de nós, a esse ponto, ainda não desenvolvemos os instrumentos nem as condições para nos ligar ao outro com plena disponibilidade. Quando a base afetiva está muito confinada e regredida à própria sobrevivência, quando nosso comandante ainda é o grande jacaré dentro de nós, não acessamos o afeto, não criamos vínculos. Estamos muito preocupados com nós mesmos para que possa caber alguém mais. Nesta condição, o universo afetivo é substituído por garantias da própria sobrevivência. Sendo assim, o outro vira uma ameaça, ou contrariamente, a salvação.

Estou falando daquelas pessoas que se deixam amar sem se envolver, daquelas pessoas que não completaram a etapa emocional que confirma e facilita a passagem para fases de desenvolvimento mais evoluídas. Pessoas que tendem a se fixar em comportamentos regredidos, cuja preocupação principal é existir e suprir a própria existência. Nestas condições, ainda não há a possibilidade de vínculo amoroso; existe sim uma projeção no outro e um desejo de fusão, de se confundir no outro, perdendo o próprio contorno.

Essas relações criam dependência, levando ao extremo em que se acredita que se morreria sem o outro. Confundem a função de amar com a necessidade de fusionar, projetando uma fantasia de que o outro seria o útero substituto, nutrindo, sustentando e representado-o para o mundo. *Amam retirando do outro o seu substrato afetivo por não ter capacidade de contatar o afeto dentro de si.*

Claro que se nos ligarmos a alguém sem dar nada de afetivo para que possa ocorrer a troca normal de um relacionamento saudável, esta empreitada estará fadada ao fracasso e à frustração.

As motivações emocionais mais escondidas e uma matriz afetiva na maioria das vezes distorcida são as responsáveis pelas ilusões e decepções amorosas colecionadas ao longo da vida.

Nosso corpo se ressente dessas experiências malsucedidas e se recolhe, contraindo e regredindo às condições primárias nas quais o afeto recolhido se reduz à própria sobrevivência. Nosso olhar de jacaré desumaniza o outro fora de nós e passamos a reagir a ele, vendo-o como um instrumento de realização ou de frustração de nossos desejos. Excluimo-nos do contato e esquecemos que no outro existe "gente" que sente e se ressente tanto quanto nós.

Os jacarés são animais de sangue frio, que ficam paralisados por longos períodos. Quando esfriamos, nós também nos paralisamos afetivamente, perdendo a condição de "estar junto".

As relações afetivas são realizações da nossa capacidade de nos ligar, a partir do que reconhecemos como afeto. Mas muitas vezes confundimos amor com servir, amor com admiração, amor com ser bonzinho, amor com posse, amor com controle.

Nossa cultura é muito criativa, inventamos nomes carinhosos para nossos parceiros, mas, muitas vezes, a linguagem delata nossas intenções. Em vez de "te amo", "te quero", apelidos como "meu tesouro" e "meu bem" revelam a relação de posse; "minha nenê" revela as relações que infantilizam. Além de outros apelidos muito usados, alguns casais chegam ao extremo de se tratarem por "mamãe" e "papai".

Quero falar um pouco sobre a experiência de quem confunde amor com controle: são, em geral, filhos de mães ansiosas, mães que, para desempenhar o seu papel, inibem o próprio afeto, ligando-se ao filho através do controle para que *tudo fique em ordem*. São pessoas que manipulam e dominam a outra para garantir que nunca serão abandonadas; em geral seduzem com muitas atenções e oferendas irresistíveis para deixar o outro em dívida, vão cerceando todas as iniciativas individuais para se tornarem imprescindíveis.

A marca de que precisamos controlar para poder viver a experiência amorosa cria verdadeiras armadilhas de caça à liberdade de ser do outro que, sufocado, acaba ou colapsado, sem acesso ao próprio afeto e vitalidade, ou se rebelando e rompendo bruscamente o relacionamento para se salvar. Entre mortos e feridos não se salva ninguém.

Outra dupla comum é composta pelos narcisistas e suas "barbies", que na nossa sociedade consumista são símbolos de status. Ambos se projetam na própria fantasia de serem especiais e raramente se olham, uma vez que buscam prazer em exibir sua própria performance e serem admirados. Escolhem parceiros com grifes, como roupas de moda que podem ser trocadas por outra melhor, com mais valor de mercado. Nem é preciso dizer que o que acontece é um grande vazio afetivo.

Em todas as condições de desencontro, em que a busca de afeto se frustra pelos desvios da nossa própria matriz, impondo ou complementando nossos distúrbios afetivos, a grande frustração é não conseguir o objetivo de experimentar a dimensão humana do afeto em si.

A possibilidade afetiva do corpo é responsável pelo espaço psíquico que expande o mundo em nós, ampliando o espectro de respostas construtivas incorporadas aos nossos movimentos na vida.

Gestos afetivos são braços que abraçam, faces que se iluminam, bocas que beijam e falam a linguagem mansa e acolhedora, gestos que convidam generosamente a uma aproximação. Gestos de uma estrutura emocional e afetiva que reconhece sutilezas, nuanças e, portanto, respeita e aceita.

Amar é uma das mais importantes etapas do desenvolvimento, que permite a inclusão do outro no nosso espaço existencial e impulsiona as experiências mais complexas de altruísmo, respeito ético e a percepção de pertencer, através dos sentimentos de compaixão e humanidade.

O processo de evolução social hoje revela a necessidade de desenvolver as condições para realizar o encontro amoroso em nossas vidas, realizar a biologia amorosa descrita por Humberto Maturana. Apesar de nossa história recente reforçar o individualismo, a competição e o poder, vemos emergir, como movimentos consolidados, as ações comunitárias e as manifestações de solidariedade que mostram que precisamos acrescentar o amor à nossa estrutura, para poder recuperar o sentimento de que pertencemos à raça humana e de que somos responsáveis pelo seu destino.

O movimento de conquistar o outro, conquistar territórios, conquistar posições mais primitivas e rudes tem dado lugar a diálogos e acordos que recuperam o senso de indignação por atitudes ou movimentos de imposição de poder pela força. O poder pelo poder tem sido desvalorizado, desmascarado e rechaçado por alguns de nós. Isso pode significar que está aumentando significativamente o número de indivíduos aptos ao amor, à compaixão e à genuína generosidade. O processo coletivo está revelando a evolução das estruturas escondidas na arquitetura dos nossos pensamentos e linguagens.

Surgem palavras ícones que representam que estamos evoluindo em direção a uma forma social de convivência mais complexa e significativa. A humanização tem sido a nuança que começa a colorir o nosso presente.

Já queremos saber onde tem gente. Desempenho, precisão, exatidão e perfeição talvez sejam características e qualidades das máquinas.

Neocórtex — o grande maestro

O pensamento e a ciência têm sido as grandes estrelas dos últimos séculos. Depois do caos, quando projetávamos nosso destino fora de nós, quando **forças externas comandavam nossas vidas,** na sombria era medieval, o pensamento entrou em ação para arrumar a casa. "Só existe o que penso" ou "Penso, logo existo", como colocou Renè Descartes, mestre do Iluminismo!

O pensamento organizado como ciência alavancou progressos impressionantes aos olhos dos nossos antepassados. O mundo se revelou de forma alucinante e vertiginosa, e o pensamento foi o grande revelador deste fenômeno.

Mas será que não estamos exagerando? Segundo Maturana, "falamos como se o racional tivesse um fundamento transcendental que lhe dá validade universal, independentemente do que fazemos como seres humanos".

O pensar muitas vezes extrapola sua função e atua em território alheio à sua alçada. É comum que o pensamento roube a cena em várias circunstâncias e entre com sua fala discursiva, evitando a experiência que significaria uma dada situação: "O que eu tenho que sentir agora?", "Eu não sinto nada, o que eu deveria sentir?"

Tem gente exagerando! Lembro de um amigo muito inteligente e fascinado com o próprio pensar, que ao ser questionado sobre uma situação que demandava uma forte carga emocional, perguntou irritado: "Mas eu preciso sentir alguma coisa?"

A função do pensamento talvez esteja fora de lugar, ocupando todos os lugares indevidamente. O papel que o pensamento

Maria Lucia Teixeira da Silva

Dez/03
Coraiva/BA

desempenha em organizar as experiências, os comportamentos, as escolhas e refinar atitudes que é a sua função principal – já ocupa uma grande parte do nosso comportamento habitual. Mas quando é utilizado também para definir realidades, descartar o que está fora do traçado combinado, manipular e controlar emoções e representar sentimentos está extrapolando o papel que seria funcional para nosso viver bem.

O corpo também se revolta ao se perceber um E.T. do imaginário coletivo: o grande cabeção pendurado em um corpo atrofiado!

Quando comecei meu trabalho como terapeuta corporal, em uma época em que este tipo de trabalho era muito pouco divulgado, muitos que chegavam ao meu consultório, vinham por curiosidade e até porque tinham ouvido falar que eu fazia alguma coisa que fazia muito bem. Ansiedades e expectativas eram comuns, no primeiro encontro, e derivavam da fantasia de que uma abordagem como essa poderia provocar grandes descontroles. Como se *algo* desconhecido pudesse ser acionado e a emergência *disto* fosse causar um grande estrago no modo de vida habitual; como se no corpo habitasse alguma fera desconhecida, controlada pela razão, e que a premissa de estar no corpo, expressando-se, subverteria essa ordem, causando grandes constrangimentos.

Aos poucos, com um misto de medo e desejo, percebiam que estar no corpo era simplesmente voltar a uma condição natural. Não há nada de ameaçador nisso! Viver no mundo virtual do pensamento é que pode causar estragos, até porque a perversão de sentimentos leva à perda de sensibilidade e de limites, sem os quais colocamos em risco valores, relações e princípios importantes para a nossa vida.

Se perguntarmos a uma flor qual o seu sentido existencial, ela responderá: "ser flor!" Por que será que ser corpo é algo que foge do nosso sentido mais profundo de ser?

É o nosso corpo que assusta ou estamos evitando as sensações que não estamos habituados a sentir e com as quais não sabemos lidar construtivamente?

Por que será que é mais fácil provocar alterações plásticas artificialmente – com silicones, botox e enxertos – do que entender, conviver e participar ativamente das mudanças corporais que experimentamos?

Será que esse confinamento existencial na cabeça não provoca uma desconexão que nos leva a ser o corpo que vemos ao invés do corpo que somos?

"A excitação é a base da experiência. É conhecimento e informação. O corpo é um oceano de excitação biológica que se manifesta como impulsos e desejos, gerando novas formas e movimentos em direção à satisfação. Como vivemos essa excitação mostra como moldamos nossa vida", diz Stanley Keleman autor da realidade somática.

A nossa ausência do corpo faz com que vivamos como se os sentimentos e emoções não fizessem parte das nossas decisões e percepções da vida. Viver e conhecer são mecanismos vitais e as emoções são os dispositivos que facilitam ou dificultam a apreensão da realidade fora de nós.

Quando começamos a considerar a natureza humana, temos que a realidade é aquela acessível a cada estrutura emocional. As emoções são disposições corporais que definem a forma de perceber e traduzir a realidade. Nosso jeito de falar e de nos expressar corporalmente são as formas que nossa estrutura vivencia e definem o nosso ser social, isto é, as pessoas às quais nos ligamos por compatibilidade de código expressivo e de sentimento de pertencer são reflexo da nossa realidade, são o verdadeiro espelho de nosso corpo. Enxergamo-nos em muitos espelhos e vivemos em muitas realidades paralelas. Difícil é reconhecer que nos refletimos em nossos mundos e somente naqueles acessíveis às nossas estruturas emocionais.

Ao aceitarmos que a nossa realidade é relativa e definida a partir do reconhecimento das redes de relações que nos são próprias, assumimos que o nosso coquetel emocional é mais determinante e limitante da vida do que a nossa decantada razão.

Quando começamos a considerar a natureza humana para além da razão, aceitamos que a realidade é relativa a cada estrutura e condicionada às suas ligações potenciais com as redes colaboradoras. Se percebermos quais são as estruturas que estão influenciando nosso futuro e quais caminhos estão à nossa disposição, saberemos quais motivações estão determinando nossos destinos.

A ponte entre o mundo de dentro e o de fora é a capacidade de comunicação e contato com os nossos sentimentos e emoções. É ela que aumenta a consciência de nossas motivações.

Quero relembrar aqui a importância de se identificar os limites e as influências que determinadas estruturas emocionais impõem ao desenvolvimento pessoal, social e cultural. A relevância desta consideração ficou muito evidente quando, na odisséia espacial, o homem pisou na Lua pela primeira vez, determinando um marco na evolução humana.

No mundo, esse fato revelou que a humanidade se desenvolvia em fases particulares. Alguns grupos visionários acolheram o fato como a grande conquista do século que confirmava o momento de transição para uma nova era; outros o acolheram com certas reservas, mas com confiança no desenvolvimento tecnológico; e outros ainda negaram o fato, desconfiados, pensando que se tratasse de uma encenação de espertos ou "coisa do demônio". Isso demonstra três níveis de evolução que co-existem ao mesmo tempo, condicionados pelo limite de sua própria estrutura.

Como esse fato, vários outros marcos da nossa evolução – por exemplo, quando Galileu mostrou que a Terra não era plana e que o homem não era o centro do mundo, ou quando Newton explicou o mundo como um relógio, ou quando Descartes decretou o pensamento científico que dominaria o mundo, ou ainda, quando Einstein duvidou de tudo etc. - foram percebidos e incorporados de acordo com as possibilidades de compreensão de cada estrutura.

Quando reconhecemos que o entendimento de nossa vida contemporânea não cabe mais dentro da concepção linear de pensamento, quando observamos uma crescente onda de insatisfação em relação aos modelos de organização social, quando a nossa natureza social começa a gritar seus impulsos de solidariedade, começamos a reconhecer que já temos entre nós estruturas mais complexas, com capacidade de percepção mais ampla. Pessoas com essas qualidades são pioneiras no acesso a uma nova realidade e criam condições para a libertação da nossa natureza mais profunda e criativa, uma inteligência genuinamente superior, atuando a serviço da evolução.

"O nosso viver humano é o entrelaçamento cotidiano entre a razão e a emoção, não nos damos conta de que todo sistema racional tem um fundamento emocional" (H. Maturana). E sua expressão só é viável no corpo que experimenta!

Capítulo 3

A sexualidade do corpo

O corpo do outro é gostoso, mas a minha fantasia é melhor!

Outra questão que se coloca com freqüência nas terapias corporais é a questão da sexualidade. Aparentemente o corpo ainda é o território de maior competência da experiência sexual. Será?

Sempre que sou apresentada a alguém como terapeuta corporal, sinto um olhar maroto, como se eu fosse alguém mais permissiva e liberada do que a maioria das pessoas. Como se a sexualidade estivesse compartimentada em uma esfera fora do nosso ser habitual.

Ser sexual não parece natural, como já dissemos; normalmente não estamos em nosso corpo, não estamos familiarizados com excitações, sensações e emoções, e estranhamos nosso corpo e o corpo do outro.

Somos apresentados à sexualidade nas telas da TV e do cinema e, assim, projetamos as cenas. Quando somos os protagonistas, não estamos sozinhos. Nosso imaginário se enche de modelos de como deveríamos desempenhar o ato sexual. E, se não estivermos atentos, outros personagens entram em cena. Nosso corpo sai de cena!

A sexualidade não tem mais início com a descoberta do corpo, de suas sensações e prazeres. Iniciamos pensando: *o que devemos fazer?*

Muitas vezes a experiência de troca de agrados, o prazer de proporcionar prazer ao outro e sentir o prazer do toque do outro no corpo dão lugar a um sentimento de dever e à pressão de desempenho: "O que ele vai achar se eu não gritar, resfolegar e reproduzir todos aqueles trejeitos que vemos nos cinemas e que tornam as atrizes maravilhosas e sensuais?", "Se eu não gostar eu sou anormal?", "Se eu não sentir tesão por aquela mulher maravilhosa eu sou homossexual?", "Se não conseguir transar numa suruba sou menos homem que os meus amigos?"

Esses pensamentos, imagens e idealizações constrangem o sentimento que temos em nós mesmos, inibindo a única condição de sentirmos excitação e prazer por estar juntos, seguindo atentamente nossas sensações.

Sensualidade é a expressão da nossa capacidade de sentir!

E sentir junto é o único estímulo capaz de ajudar a viver a experiência da sexualidade no corpo e ter momentos gratificantes e ricos de intimidade no relacionamento.

Keleman escreveu em seu livro *Realidade Somática* que "muitos problemas de frigidez ou impotência são, na verdade, modos de uma pessoa dizer que não deseja mais ter um dado desempenho para com o outro, ou permitir que vivências amorosas o afetem". É comum o homem sentir dificuldade sexual em relação à mulher com a qual está envolvido amorosamente; ele pode estar bem sexualmente com parceiras eventuais que não demandam compromisso. O homem pode também não conseguir ter ereção com mulheres muito fálicas ou castradoras, mostrando um senso instintivo de preservação da sua masculinidade.

A frigidez e a impotência são declarações de que nos sentimos ameaçados e não estamos conseguindo ampliar nossos recursos para reformular nossas posturas no relacionamento (S. Keleman).

À medida que crescemos na experiência da sexualidade no corpo, ampliamos os nossos sensores e nos tornamos sensíveis. Sensíveis aos nossos sentimentos, aos dos outros e às nossas experiências na vida.

Acredito que temos um excesso de informações sobre sexo. Crianças de cinco anos já namoram e querem dar beijo na boca. Não sei se, nessa idade, isso é mais divertido do que brincar de pegador, jogar bola, amarelinha, pipa ou pião.

Uma criança com 11 ou 12 anos que não beijou de língua pensa que tem algo de errado com ela e é tachada de BV (boca virgem). Com 13 ou 14, começa a pressão para iniciar a atividade sexual genital. Parece ser voz corrente que esse cronograma realiza o projeto de ser dos adolescentes.

Essas informações substituem o próprio sentido da sexualidade e inibem a experiência e a curiosidade saudável de descobrir as sensações do corpo e o corpo do outro.

A pressão por desempenho, para ser reconhecido pelo grupo, obriga os jovens a uma superexposição de sua sexualidade. "Fiquei com muitos essa noite!", "Beijei oito de língua, numa balada só!", são frases que credenciam esses jovens a pertencer ao seleto grupo dos populares. São credenciais que subestimam a força do contato: tocar, beijar, abraçar são expressões de afeto, e sentir-se bem com o contato físico é um sinal de amadurecimento afetivo e emocional que requer paciência, atenção, prazer e familiaridade com a própria intimidade.

Será que a exposição a tantos atos sexuais televisivos e a ansiedade de falar sobre sexo abertamente romperam o limite que discrimina o público do privado e a intimidade do social? Será que nossos jovens não se sentiram invadidos e estão reagindo escancarando sua sexualidade na nossa cara?

Constato que é comum a confusão entre intimidade e exposição da privacidade: **intimidade não é fazer cocô de porta aberta**. O corpo invadido perde o senso de indignação e se acostuma a ser violado sem perceber.

A sexualidade fica, assim, a serviço do exibicionismo e da dominação. Um pedido violento de contato, sem relação.

Os jovens refletem os valores que lhes foram transmitidos e estão testando e expondo a nossa dificuldade em ser sensuais.

Escolhem seus *ficantes* como um produto de consumo, descarregam a excitação sexual em um beijo de língua ou até em uma transa rápida e se desligam sem atenção, sem proximidade, sem abertura, sem nem mesmo comunicação. De forma fria e carente de afeto.

Muitas mulheres já maduras ainda se atrapalham na briga de gêneros: "Sou capaz de transar com um homem desconhecido e deixá-lo em seguida", "Não tenho problemas com a sexualidade, transo com qualquer um", como um arremedo machista.

A falta de senso de intimidade leva ao equívoco de que estar nu, em outro corpo nu, é um encontro sexual. Descarregamos sim nossas ansiedades em relação ao sexo, mas não usufruímos da satisfação sexual e do contato físico intenso que esse encontro proporciona.

A essência do feminino se retrai para poder receber em seu corpo um masculino frio, mecânico e se ressente da falta de delicadezas e homenagens compatíveis com sua natureza.

O masculino ameaçado se defende do sentimento de inadequação, refreando sua potência e negando afeto, em uma competição surda. Sem exercitar a sedução que alimenta o desejo e a esperança de encontrar um corpo vivo. Desiste dos gestos que lhe são próprios, preservando-se.

Corpos modelados e adaptados aos padrões de beleza são, muitas vezes, vazios, quase sem vida. E o encontro desses corpos não corresponde ao que eles prometem. Nestes casos não acontece o grande orgasmo, até porque não acontece orgasmo sem gente!

A falta de senso de intimidade não proporciona as condições físicas para que possamos nos soltar no corpo do outro, nos sensibilizar com o outro e reconhecer as sutilezas da experiência orgástica. A experiência orgástica não é um objetivo a ser alcançado, nem uma meta a ser atingida, mas uma experiência de entrega afetiva e emocional.

A sexualidade, como expressão da evolução coletiva, coroa um ser humano flexível, sensível, com muito jogo de cintura e com habilidade para apreender, compreender e se entregar, sem medo, ao universo fora de si.

Corpo de mulher

O processo de me tornar terapeuta corporal foi concomitante ao processo de descobrir limites e possibilidades do meu corpo de mulher, reconhecer e me apropriar dos meus gestos, dos bloqueios e possibilidades de expressar o meu feminino no corpo.

Naquela época, os terapeutas corporais, fascinados pela possibilidade de ler as características da personalidade no corpo, eram taxativos em seus diagnósticos e atuavam seu credenciamento classificando pessoas, esquecendo que viver é um processo dinâmico e que não podemos ser reduzidos a um esquema, mas que expressamos traços de algumas características predominantemente sobre outras. Não somos estruturas fixas, somos sobreposições de estruturas em processo de crescimento.

Fui tachada de esquizóide, histérica e outras características que, usadas assim, mais pareciam xingamentos e só reforçavam o meu sentimento de inadequação e solidão.

Graças a Deus essa fase passou. Sinto que mesmos os terapeutas corporais sofriam com a falta de convivência com o corpo e os olhavam à distância, sem contato. Era o auge da Bioenergética e estavam todos fascinados com as respostas emocionais que o corpo devolve, com um pouco de mobilização. Aos poucos, foram aprendendo a ser cuidadosos e respeitosos, até porque, dentro do corpo tem gente!

Percorri várias linhas diferentes de abordagem, empenhada em recuperar a essência do processo de ser corpo. Foi um caminho longo que exigiu muito discernimento e determinação para mergulhar profundamente no núcleo matriz de ser humana, mulher, sintonizada com minha intuição e com minha sensibilidade, sem perder o pé da minha realidade.

O contato com os fragmentos de mim e a descoberta dos processos que moldaram meu corpo foi um longo caminho de recuperação das experiências, que modificaram as lentes através das quais apreendi o mundo.

Percebi que voltar ao começo de nossa estrutura não é como muitos criticam, ficar repetindo a história, mas redescobri-la e vitalizá-la, traçando a nossa linha de coerência que permite a abertura para a consciência de ser no corpo. Percebi que esse foi o caminho que me permitiu ter acesso às correntes de vitalidade de meu corpo, tornando o feminino em mim mais sensível e humano.

Parece apropriado começar pelos modelos de mulher que influenciaram a construção e a desconstrução de meu corpo.

Sou da época em que o feminismo eclodiu com violência e a mulher reivindicava o direito de existir, atuar e influenciar na sociedade. Mas, na realidade, pouco conhecia sobre si mesma, além dos papéis que lhe eram atribuídos e que seguia como se um cabresto a prendesse.

O corpo feminino foi, e continua sendo, um destaque como objeto erótico, principalmente objeto do desejo masculino, 40 anos após o surgimento do movimento feminista.

A erotização do corpo feminino desconsidera as nuanças de sentimentos e emoções que participam da construção da forma que revela o feminino de cada mulher.

Mulheres que, sem condição de ser, obscurecem-se engordando, mulheres que se infantilizam, parecendo bonecas enfeitadas, ou se fragilizam para serem amparadas, mulheres que com um "corpão" resolvem se dar bem, dominando seus homens, ou mulheres que só conseguem ser mães. Corpos que delatam as feridas de cada feminino dentro de si. A suavidade, a sutileza, o acolhimento e a capacidade de se ligar amorosamente, a intuição e os recursos de sentimentos do universo feminino se recolhem, quando o que é valorizado é o uso do corpo da mulher.

Libertar as mulheres que atuaram em mim e por mim foi um grande despertar, que corrigiu os desvios que me aprisionaram durante grande parte da vida e, assim, pude tornar-me real.

Assisti, perplexa, emergirem de dentro de mim composições que revelavam, em forma de contos, fragmentos do meu feminino, expostos em personagens que criei para poder me ver.

São auto-retratos de sentimentos e buscas que me ajudaram a recuperar o meu processo de ser corpo. O corpo de menina, filha de pai, empenhada em acertar e cumprir os papéis adequados, para receber o reconhecimento necessário a fim de garantir a sua importância. Outorgando aos homens de minha vida o poder de me julgar. Depois, o desejo de liberdade, perdoando e acolhendo as mulheres ancestrais de minha história, assumindo a humanidade de minha mãe e, por fim, o desejo e os limites de poder realizar a paixão. Temas da minha vida de mulher.

(Leitura opcional)

Primeiro conto: uma história fantástica

Uma luz a desperta na madrugada; percorre o ambiente com os olhos, certificando-se de estar em sua cama. Sente os lençóis sobre o corpo e, limpando um resto de sonho que ainda teima em permanecer nos olhos, começa a despertar. Percebe que o lusco-fusco da noite em seu quarto de dormir suspende o tempo, induzindo o pensamento a agir como um visitante inesperado, daqueles que vêm em busca de companhia, em um dia chuvoso, e se instalam em nossa casa, sem previsão da hora da partida.

Meio sonolenta e meio desperta, observa a fresta de luz que penetra seu quarto através da porta, como se focalizasse ou chamasse em cena sensações há muito esquecidas.

Agita-se na cama, apreensiva com a insônia anunciada, os pensamentos a confundem e a predispõem ao encontro de um pedaço esquecido de si que não conhece ou em que nunca ousou pensar. Começa de mansinho em forma de ansiedade e depois, como medo, daqueles medos que nos tomam ao ficarmos sozinhos para enfrentar o que sentimos.

As imagens entram sem pedir licença e a levam a tempos remotos, de quando ainda era menina e sentia muito medo do escuro. Para disfarçar, costumava imaginar a grande mulher que seria ao crescer.

Gostava de criar perfis definidos de mulheres, alinhados como se fosse para um desfile de modas, em que se pode pinçar um modelo e usá-lo. A mulher perfeita, aquela em que ela se transformaria.

Naquela época, ainda menina, tinha muitos modelos à disposição e passava horas divagando, criando e recriando as infinitas combinações de ser mulher.

Vira-se na cama, abraçando o marido em busca de calor. Por um momento é a menina que dorme aconchegada naqueles braços. O calor e a proteção amenizam o medo, mas volta a inquietude de sonhar a sua vida possível de mulher. Seu corpo está adormecido, talvez por sonolência ou por já ter se tornado independente dela mesma. Urge a necessidade de se tocar e reconhecer o corpo que é. "Esse corpo que eu sou". Nem tão esguio, nem tão ágil; só um corpo morno que agora está deitado na cama com um homem que, de tanto aconchegar, tornou-se morno também e, às vezes, transparente ao olhar. Mas sabia com certeza absoluta que nunca viveria sem aquele corpo invisível que a abraçava a cada noite e ressonava a seu lado.

Nesse momento, como num flash, *tomou-a uma sensação de gratidão por este outro corpo que, junto com o seu, quotidianamente preenchia o imenso espaço vazio da cama. Mulheres devem ser casadas.*

"Este corpo, o outro corpo, também sou eu" – pensou, novamente quase feliz.

Quando a calmaria parecia retornar à sua mente, uma avalanche de pensamentos começou a disputar aquele holofote formado pela nesga de luz que insistia em permanecer no quarto, como nos programas de reality show ou "Esta é a sua vida" – ela riu consigo mesma. Nunca se havia imaginado em um programa como esses. Fragmentos de lembranças começaram a entrar em cena. Do tempo de sua mãe, quando as mulheres ainda não tinham o desfile de modelos que ela tivera. Quando as mulheres nasciam para cumprir um único modelo e eram felizes... talvez. Pensou se realmente tinha avançado em relação àquelas mulheres; sabia que se formara na universidade, que trabalhava muito, tivera filhos e alguns amantes, mas estava longe da realização prometida.

Maria Lucia Teixeira da Silva

Passava horas no trabalho recriminando-se por não ter tempo para malhar o corpo, freqüentar academias e conquistar um visual mais atraente. Mas era sempre com ar de menina obediente que aceitava mais encargos e mais responsabilidades no trabalho. Afinal, ficava muito gratificada por ser reconhecida por sua inteligência e competência. E era por isso que nunca se negava a novos encargos. Cumpria a expectativa! Ficou satisfeita com a lembrança.

Um suspiro e rapidamente a satisfação se esvaeceu na escuridão, dando lugar a mais um pensamento angustiante que, passando pelo seu corpo, tomou o centro do holofote, quase gritando: "Você não conseguiu e nunca conseguirá ser a mulher que o mundo espera"!

Uma sensação de imensa fragilidade a dominou, como se o mundo escorregasse sob seus pés: "Será que o mundo espera mulheres?" – pensou, sentindo-se mínima naquela cama enorme e ao lado daquele homem imenso. Qual a função das mulheres neste enorme enigma que é a vida? Refletiu, buscando importâncias, e arriscou: "Seremos simples parideiras que vivem para ver as crias crescerem e se desprenderem com beijos agradecidos pela dádiva da vida? Ser mulher... Quem me responderá?"

Lembrou-se de tudo que já lera sobre posturas, conceitos e preconceitos que sempre acenaram a fórmulas de condutas que a tornariam mulher: "Já fui magra, saudável, gordinha, engraçadinha, sexy, liberada, tarada e... chega!!!" Desistiu de enumerar as formas que tomara para não chegar a lugar nenhum. Foi tomada por um grande cansaço, como se a vida fosse comprida demais e só os afazeres preenchessem todo o percurso.

"E agora, o que esse holofote cretino quer de mim?", desafiou. Assaltou-a o medo de que tivesse que ficar sentada em um banquinho, sob aquela luz, narrando em detalhes as idéias que defendera nos desvios de sua vida. Se sentasse sob o holofote, com certeza um carrasco apareceria; o homem forte e impiedoso que a julgaria em sua conduta e a executaria. Assustou-se com seu pensamento. "Será que os olhos do mundo me vêem mulher?"

Imediatamente viu a si própria sentada sob os olhares dos personagens que povoaram a sua vida: estava iniciado o julgamento! E não era esta a condição de confirmação que sempre buscara para si?

Ali, no meio do palco, tendo a sua vida dissecada e avaliada para uma única sentença: "Tinha ou não realizado a mulher projetada, inspirada e planejada pelo seu contexto cultural, social, intelectual e outros?"

Enxergou-se menina novamente, pequenina, sentada em uma banquetinha de tripé, sob aquela luz forte e cercada pelas pessoas do seu passado. Curiosa, estabelecendo um primeiro contato, procurou cada rosto conhecido de sua infância. Sua mãe, como sempre, colocara-se em primeiro plano. Parecia distraída, ensimesmada, expressão que conhecia bem. Sua mãe era de uma época em que não era importante pertencer a nenhuma categoria sexual.

A mãe sempre fora um enigma, embaçada pelo papel e pela obrigação de ser mãe; essa era a única dimensão que reconhecia em sua personalidade. Estava sempre longe, sempre cuidando para que ninguém soubesse o que lhe ia pela cabeça. Assim era a sua mãe, sempre querendo fazer o que tinha a ser feito, permanecendo no centro da família.

E seu pai? Buscou-o na platéia e percebeu que ele se destacava, cuidadosamente enviesado. Quantas mágoas os separavam agora! Sempre fora assim. Difícil olhá-lo de frente, sem o viés. Não sabia bem ao certo, mas olhar o pai, aproximar-se dele sempre lhe trazia um certo pânico. De viés. Era o jeito de estar perto e como havia sido a relação durante todo o tempo que conviveram.

Lembrava-se de quanto ansiara por aprovações e elogios que vieram, não diretamente, mas de viés.

Elogios, aprovações... coisas de mulher! Sacudiu-se com desprezo, esquecendo-se de quem era.

Aquele era seu pai. Quis ensaiar uma definição mais clara, mas a imagem logo se desvaneceu. Não conseguia sustentar uma cena ou uma recordação em que estiveram realmente juntos, sem brigas, sem confrontos, sem deixar sempre presente sua inabilidade com as mulheres. "Pai, quem precisa?"

Aquela sombra indefinida que acompanhava as suas lembranças não poderia ser importante agora e com essa idade! Uma ponta de mágoa cutucou seu pensamento, mas afastou-a a lembrança das ceias familiares de Natal, quando ela e os irmãos esperavam para abrir os pacotes sob a árvore. Estes teriam sido momentos especiais para ela, rara lembrança de felicidade que permaneceu em sua memória: a família reunida e organizada, "quando os adultos eram adultos e as crianças eram crianças". Lembrou-se de como se sentia querida, por meio das bonecas que ganhava. Era sempre assim: precisavam de intermediários. Amor e ódio. Assim era com o seu pai.

Mas estava ali também um esmaecido rosto querido: a sua avó. Ela sim teria sido uma mulher apaixonante, aventureira, sempre cercada de histórias fantásticas de curandeirismo, indisciplina e conquistas.

Recordava das histórias que ouvira quando criança, de que viera foragida do estrangeiro, em um navio de imigrantes, tentar a vida no novo mundo. E que, aqui chegando, conquistara o coração de toda a gente. Era uma mulher forte e de muito carisma, que com suas ervas para curar e benzer fazia sempre novos amigos e novos negócios. Foi assim que criou, praticamente sozinha, todo o patrimônio da família. Aquela mulher realmente mereceria um destaque neste tribunal. Ela sim teria honrado as saias, pensou, divertindo-se com as palavras.

Curiosamente, lembrou-se que não conseguia imaginar sua avó quando jovem. Na época em que a conhecera já era velhinha, cabelos brancos e longos presos em coque na nuca. Ainda vivia às voltas com as cartas e com amigos, mas já não benzia mais as criancinhas.

Voltou o pensamento para a imagem possível de mulher que teria sido a sua avó. Teria sido bela? Puxa, lá vem essa questão de beleza! É tão difícil saber o que é ser uma mulher, sem que a beleza apareça em primeiro plano. É obrigatório para a mulher! De novo era tomada por aquela sensação de apreensão. Beleza, beleza... Por que algumas mulheres são tão lindas e outras tão feias? Nunca se conformara com essa injustiça. Já haviam dito que ela era simpática, inteligente, mas bonita mesmo, igual àquelas da revista, nunca. Por que será que as bonitas merecem a glória, as revistas, o tesão dos homens e nem se esforçam para isso? É só sorrir e pronto, já cumpriram a sua missão de mulher. E eu?

Viu-se novamente sentada sob o holofote, no meio do julgamento. Teria ela feito esforço suficiente para cumprir seu papel de mulher? Um sentimento de vergonha subiu-lhe ao rosto, corando-a. Lembrou-se das comidinhas irresistíveis, da preguiça de correr no Ibirapuera e da sua total falta de empenho nessa área. Mas será que sou tão desajeitada assim? Até que tenho um certo charme (quando sorrio...). Eu sei que com a vida que levo não tenho tido muito tempo para sorrir, penitenciou-se, mas prometo começar um regime assim que clarear o dia e percorrer as academias mais próximas e fazer natação e todas essas coisas que fazemos para manter o mínimo de dignidade como representantes da raça feminina. Para ser linda e atraente, como nossos homens esperam de nós. Então, lá estava ela tentando seduzir o público com promessas retóricas que sabia serem infinitamente difíceis de cumprir. Mas aprendera assim, "a sedução é uma poderosa arma feminina", e desde pequena costumava usar deste recurso para conquistar espaço na família e desfocar assuntos delicados.

Com o olhar, procurou o marido na platéia. Afinal, qual posição lhe caberia? Estaria ele tão invisível que nem neste momento, "o mais importante de minha vida", poderei encontrá-lo? Irritou-se. Lá estava ele, atrás dela, como sempre, em seu papel habitual. Vira-se para olhá-lo melhor e dá-se conta do tempo que passou sem olhá-lo diretamente. Já está um pouco gordo, um pouco careca e não tem mais o mesmo charme de antigamente, mas afinal homem não precisa ser bonito mesmo... Esta frase ressoou em sua cabeça quase como um raio e instantaneamente a transportou para os tempos de mocinha, quando se apaixonara perdidamente pelo homem mais lindo da faculdade. Aquele sim, moreno, lindos olhos de águia, forte... Só de lembrar dos momentos de namoro se arrepiava inteira. Mas esses momentos de paixão passaram, como passava tudo em sua vida. Dera ouvidos à sua mãe, que dizia: "Não é bom casar com um homem tão bonito assim, fica cheio de mulheres disputando por ele e, mais cedo ou mais tarde, ele vai embora com outra".

Separou-se dele; não poderia conviver competindo com todas as outras. Indignou-se com a falta de solidariedade e cumplicidade entre as mulheres. Sempre foi assim, uma disputa acirrada para ver quem leva o troféu. Sua vingança é que logo vem outra e outra e assim se repete ad eternum... Amém.

Mas lá estava ele, o marido. Com ele não tinha sido a mesma coisa, nunca se apaixonara realmente. Mas ele era tão bom, tão compreensivo, bom pai, bom marido, que foi ficando, ficando e hoje nem precisava olhá-lo, sabia que ele estaria sempre lá. E ela lhe era grata por isto. A sensação de "para sempre" lhe fazia muito bem e, para agradecer-lhe, cuidava quotidianamente para que não lhe faltassem roupas limpas, cama arrumada e comida na mesa. Afinal um bom homem precisa de uma mulher muito boa para cuidar dele.

Sentiu aquela sensação de vergonha de quem está em falta. Seria ela tão boa assim para merecer tal marido? Será que era por isso que estava agora em situação tão constrangedora, sendo julgada pelos seus atos e pensamentos e implorando absolvição?

"Que mulher sou eu?", pensou, cobrando-se compostura. "Se estou sendo julgada... Vamos lá, digam qual é a minha falta!"

A luz tornara-se torturante; o que antes era apenas um facho transformara-se em uma luz obscena, escancarando sua intimidade, virando-a do avesso.

Arriscou novamente um olhar para a platéia e lá estavam todos os silenciosos e solenes personagens de sua vida. Sentiu frio e, num impulso, buscou a mãe com o olhar. É algo que aprendemos a fazer desde pequenos, na fantasia de que mãe pode e deve dar tudo de que precisamos e a qualquer momento. Lá estava ela, como sempre. "Será que ela foi a mulher que estão todos cobrando que *eu seja"? Olhou-a novamente e a percebeu envelhecida, atrás de sua fisionomia triste. Ansiou por adivinhar um sorriso solidário, de quem um dia já esteve em situação parecida com aquela que agora vivia. Implorava por um sorriso, daqueles que só mãe sabe dar, daqueles sorrisos que, mesmo não sabendo se elas sabem mesmo o que sentimos, nos confortam...*

E sua mãe, que mulher teria sido? Não lhe cabia o julgamento, afinal quem estava sob o holofote era ela e todos os olhares convergiam para ela. Culpada ou inocente? "Mulher", teria dito.

Quantos anos de sua vida dedicara à tarefa de desenvolver a forma perfeita de ser mulher?

Lembrou-se da sua adolescência, um tempo agora distante, e já naquela época tentava virar mulher. O corpo crescido e o desejo de poder jogar o jogo da sedução. Recordou-se das horas que passara em frente ao espelho, cuidando detalhadamente do reconhecimento de seu corpo. Junto com o reconhecimento do corpo vieram os sonhos e as fantasias de conquistas e paixões loucas e só por elas já valeria a pena viver. Imaginar o homem que a despertaria tomava todo o tempo da sua atenção. Que mulher estaria por vir? Naquela idade, ser mulher era um projeto muito ambicioso, reconhecia.

Vivera sua adolescência, em uma época em que as mulheres iam para as ruas em posição de protesto contra toda uma história de submissão e ausência total do exercício de cidadania. Época em que o foco era a conquista de posições que até então eram de exclusividade masculina. Tantas confusões a respeito de ser mulher e agora, trinta anos depois, continuava perdida. Trilhara todos os caminhos e não conseguira ter claro se valera a pena tanta discussão e tanta oposição. Somente ela sabia por quantos desvios e atalhos se embrenhara, em quantas armadilhas sucumbira, no percurso.

Será que as mulheres daquela época não teriam superestimado as funções do feminino? Uma imensa tristeza a tomou, daquelas tristezas que sentimos quando parece que tudo está perdido e que tudo em que acreditávamos até então já não é parte da realidade. Ela ali, tão frágil, tão sozinha no centro de sua vida.

"Quanta luta!", reagiu. Usara de forças que não eram suas para conquistar posições que hoje pareciam totalmente equivocadas.

Neste momento quase se dava conta de que vivera vestindo as fantasias que criara quando criança e não percebeu que, por isso e só por isso, sempre perdia o fio do percurso.

Sentia frio novamente. Tudo se tornara muito impessoal. Os personagens que compunham toda a sua história estavam ali, agora, bem à sua frente com as suas faces ocas, olhando-a sem expressão. Não conseguia precisar os afetos e desafetos que sentia por essas caras que a cercavam, mas com certeza as décadas de desvio os tiraram da cena.

Não se lembrava mais da última vez em que se sentira amada, em que estar perto de alguém havia feito realmente alguma diferença, despertado alguma fagulha de vida dentro do seu corpo. Estava morna, amortecida; tudo à sua volta agora lhe parecia indiferente. Como gostaria de poder gritar para todo mundo: "Eu existo! Sou uma pessoa! Nasci mulher"! E sentir todo o corpo vibrar com as palavras e ser trazida de volta à vida pelo simples fato de existir.

O som do protesto emudeceu em sua boca: notou que contracenava com uma platéia de rostos concretos e que nada os faria manifestar alguma emoção diante de sua situação. Duvidou da sua coragem.

Continuou ali sozinha, refletindo e se penitenciando da sua vida de mulher. "Pelo menos não fui puta!", arriscou, mas logo se deu conta de que nada os tocaria e que não adiantaria apelar.

Aqueles rostos corretos continuavam a olhá-la com um único interesse: o VEREDICTO. E já começavam a demonstrar sinais de impaciência.

Percebeu-se odiando o mundo, este mundo que a tinha submetido às suas regras e aos seus caprichos. Sentia que existira até aquele momento somente para sobreviver a ele. Sentia que o mundo se alimentava de sua dor e de seu esforço ao que, com certeza, lhe *retribuirá com a morte! Estremeceu, estava indo longe de mais. Deu-se conta de que estava exausta e que o esforço consumira todas as suas forças, perdera a noção de quanto tempo se passara e ainda não havia chegado a lugar algum.*

Os rostos continuavam ali, observando-a com aquela expressão fixa de quem tem sempre boas soluções para todas as situações: "É tão fácil. É só você fazer assim..." e todas as sugestões óbvias que nos ocorrem, quando são os outros que sofrem.

Olhar aquelas caras aumentava ainda mais a sua solidão. Sentia-se incompreendida e a incompetência era toda dela.

Sua vida ali, sob as luzes, parecia muito distante, como que saindo de seu corpo aos pouquinhos. Via sua luta, suas conquistas, seus amores e suas idéias espalharem-se e se dispersarem um a um, e nada comovia a platéia, nem um olhar amigo ou solidário. "O Veredicto", pareciam clamar.

A vida sempre é correta e os seus momentos se sucedem, um após outro, sem volta, sem perdão e sem justificativas. É porque é, e um dia acaba. "A vida. Quem se importa?", ironizou.

Não lhe parecera assim até aquele momento, mas não tinha até ali achado um bom argumento que a absolvesse. Não conseguia vislumbrar nenhuma inspiração que a redimisse.

Amei, lembrou, com um resquício de esperança, mas, na seqüência, também lembrou dos estragos que causou aos amores que encontrou, ao desempenhar todos aqueles jogos de esconder que davam uma aparente desimportância daquilo na sua vida.

"Minha profissão é prioridade, minha vida é privativa e eu não abro mão da minha liberdade", bandeira que carregou anos de sua vida e que agora parecia repetição de matéria lida em revistas femininas.

O marido sempre a respeitara nestas questões, que ambos tinham como definitivas, como se por um acordo tácito ficassem definidos os territórios: "Nunca interferir um na vida do outro" era o manda-

mento número um da relação e isto lhes emprestava um certo ar de civilidade e modernidade.

Havia também outros mandamentos de menor monta, que os dois cumpriam como se cumpre um manual de regras para casais:

– Não é civilizado brigar.

– O homem deve ajudar na educação dos filhos.

– Mulher tem o direito de se dedicar à sua profissão.

Isso rezava o seu casamento, seguindo estes mandamentos; e disto ela não abriria mão por nada desse mundo. Mas o vazio que sentia dentro de seu corpo permanecia, insistindo em delatar o desvio da relação, e era cada vez mais inevitável reconhecer a dor de ser mulher.

Estava já desistindo da sua luta. Nada mais lhe parecia suficientemente forte para salvá-la daquela agonia. "Chega!"

Escutou o relógio tocando na sala. Sentiu seu corpo febril sob os lençóis. Quanto tempo se passara não podia precisar. "Tenho que dormir", recriminou-se, fechando os olhos e tentando apagar todas aquelas cenas que até então tinham insistido em ocupar o espaço sob o holofote, denunciando seus medos, angústias e fracassos. "Preciso dormir", repetiu para si mesma, recitando sua agenda com precisão de secretária: "Amanhã pela manhã tenho que me levantar cedo e parecer ótima na reunião com a chefia, preciso me organizar para levar as crianças à escola, almoçar com o marido, voltar ao escritório à tarde e ainda, se der, pegar um teatro à noite". Tentando dormir, fechou os olhos pedindo a Deus que nenhuma insônia a acordasse novamente.

Já tinha quase entregado os pontos quando um pensamento relâmpago a acendeu: "Sim, é isto mesmo", pensou quase exultante, "a mesma força que me condena me absolverá". Sentiu a força gerada pelo seu pensamento e sorriu: "Sou prisioneira do meu pinto invisível", dando-se conta de quanto a ação masculina, dentro de si, a enfraquecia. Toda tentativa de ser mulher até aquele momento da sua vida a tinha conduzido para fora de si, como o grande falo que aponta caminhos e determina conquistas, sempre longe e para além dos corpos e para além de si.

Este pensamento soltou-a profundamente e uma sensação quente foi preenchendo todo o seu corpo, como se todos os seus músculos se alargassem simultaneamente. Afundando-se no colchão, permitiu que uma grande tranquilidade a tomasse. E assim, deu-se conta dessa outra dimensão de si, tão afastada e tão próxima ao mesmo tempo. Quanta angústia viveu evitando este contato, como uma filha que briga constantemente com sua mãe quando o desejo (e até por ele) é o de se entregar em seu colo para ser acariciada.

Suspirou profundamente querendo usufruir ao máximo daquela sensação de ser INVAGINADA e aberta para o mundo: a sensação de ser mulher.

As lágrimas agora rolavam pelo seu rosto, extravasando para o mundo todo o calor e a umidade que a tomavam por dentro. No corpo, a espera e a mansidão, nos sentidos, todo o amor e toda a dor de ser mulher e, a cada suspiro, descobria a força que é poder conter tanta emoção.

A avó, seu colo, as histórias. Reconhecia agora que era nos espaços de quietude que vivera as melhores experiências... A acolhida, a espera, a certeza de que, para gerar e germinar, toda vida pede um tempo. Reconhecia que estes movimentos femininos nunca tiveram muito espaço em sua vida. Somente uma certeza, sua avó tinha vivido.

Abriu os olhos novamente, buscando a nesga de luz que tanto a ameaçara antes. Agora não parecia tão contundente, tão fria e impositiva. Estava diluída nos primeiros raios da manhã e, assim difusa, amainava os contornos do quarto, colorindo-o com uma penumbra azulada.

Absorveu aquela sensação, que de alguma forma a refrescava por dentro, deixou-se penetrar pela vida...

Estava em paz!

Nesse corpo tem gente!

Segundo conto: Uma homenagem à liberdade e à coragem de ser mulher!

Acordar naquele dia, com certeza parecia uma experiência nova. Tomaria muito cuidado, não tinha nada para fazer e isso era o que mais queria depois de todo o esforço despendido para sua libertação. Sentiria o tempo passar na sua lentidão, queria absorver o seu ritmo, sem interferir no seu curso natural.

Era o seu primeiro momento só e já absorvia com avidez aquele vazio concreto. Queria que a sua existência ressurgisse assim, no nada. Vislumbrou por contraste o tamanho da solidão que vivia, justamente por evitá-la. Nada nem ninguém ocuparia o seu pensamento ou dividiria o seu espaço. Estava só e tinha a si mesma. Sentia o frescor de nascer de novo; saíra de um túnel escuro e sofrera com todos aqueles medos e angústias que devem assaltar os bebês quando são arremessados ao mundo, depois de passarem horas comprimidos na incerteza de que chegarão a algum lugar. Lutara em convulsão, sua pele se ressentia ainda das contrações do parto, mas renascia a salvo. Era invadida por uma forte sensação de fragilidade, considerando a coragem necessária àquele momento da passagem.

Estava nua e era importante que estivesse assim. Queria permanecer o maior tempo possível sem roupas que a condicionassem a qualquer personagem: queria reconhecer o momento inicial de não ser, sentir sua energia bruta.

Sentiu a brisa que entrava pela janela do quarto tocar seu corpo com delicadeza, e era essa sensação que a partir de agora guardaria para si. Desta vez tomaria muito cuidado com as sensações que a tocassem. Estava lúcida e por isso muito sensível. Conseguira sobreviver àquele vazio negro em que se havia enterrado por anos sem se dar conta.

Permaneceria nua, pois assim aguçaria os seus sentidos; nasceria de novo em cama sua e teria o tempo necessário para curar as feri-

das deixadas pelo fórceps. Começaria a partir de agora novamente, com a certeza de quem sentiu a vida.

Não teria pressa, comeria e beberia em celebração àquele nascimento.

Sentiu a própria respiração: o primeiro ar que penetrava a fazia estranhar, já que há tempos deixara de inspirar, para não sentir o medo de viver.

Começava a primavera e, com ela, foi ficando cada vez mais presente o cheiro de vida. Seu olhar identificava as pessoas que viviam. Sentira inveja. Tinha sido um momento único, quando se viu rodeada de pessoas desfilando seus corpos, enquanto ela sentia o intolerável peso da carcaça que carregava. Com o passar dos anos não-vividos, as pessoas transformam-se em caricaturas, em máscaras ambulantes que lhes revelam a alma encolhida.

Espelho, espelho meu existe alguém mais bonita do que eu?, preocupava-se, observando as pessoas passando ao seu redor sem ver, ouvir ou cheirar. Pareciam bonecos articulados que há muito tempo deixaram de se ver. Só assim seria possível sobreviver aos apelos de vida? Pensou na criação, o enigma que Deus criara para despistar o acesso à expressão viva.

Seria o homem viável, ou aquele tal de livre-arbítrio desvirtuara o projeto de tal forma que Deus teria abandonado a criação? Sentir seria insuportável, melhor seria esquecer o projeto já pronto e buscar o homem, na sua onipotência, recriar a criação, especializando a máquina executora na forma e no desempenho, melhorando o projeto de Deus.

Naquele dia, distraidamente, insistiu em manter os olhos olhando, pensava na vida na sua fórmula original. E foi olhando, que viu o movimento caótico da sua vida escorrer sem rumo por seu rosto, num desperdício quase doloroso.

Olhou-se no espelho quase preferindo a imagem morta, seria mais fácil eternizá-la na forma, sentiu medo da própria carcaça. Estava no limbo e sentia a urgência de sair dali. Não suportava a idéia de eternizar a casca que a protegia da vida. Por outro lado, sentir parecia insuportável.

Assustava-se com o que parecia a chegada de uma avalanche que a arrastaria não sabia ainda para onde. A força que começava a se manifestar dentro de si enchia-a de comoção; tinha a certeza dos que estão diante de uma iniciação mística e se entregam sem resistir, em ato de fé. Sentia-se arrebatada, nada estancaria aquele movimento que iniciava com a força de uma convulsão. Pressentia os medos que teriam que ser dados em sacrifício, o sangue que correria para a purificação, num ritual que lhe exigiria questionar as leis da vida e da morte. Estava disposta a sacrificar-se.

Acendeu uma vela, seria o marco inicial do seu nascimento em vida. Precisaria de todos os anjos do céu para lhe iluminarem o caminho e a acompanharem naquele momento. Seria parida segundo as leis celestes, desafiava as leis da Terra e desta vez queria nascer filha de Deus e em estado de graça.

Saiu de casa, precisando ver a rua e olhar as pessoas. Queria certificar-se de que as pessoas comuns não estavam anestesiadas como ela. Ficou horas dentro de um ônibus, parada num congestionamento, até chegar ao seu local de trabalho, sentindo a pressão de não ter seu tempo a seu dispor.

Olhava a massa de gente andando e temia ser uma delas. Só a mantinha desperta a esperança de um dia vir a protagonizar algo emocionante, que a libertasse. Precisava sentir que estava viva, segundo as leis da natureza. Desejava experiências fortes, talvez um grande amor romântico como os das novelas da televisão ou, pelo menos, uma paixão daquelas de cinema, em que o sexo é sempre arrebatador. Será que pedia muito, estaria em pecado?

Parecia-lhe que sua salvação era impossível, perdida no enorme acaso que cerca as pessoas que, como ela, debatem-se para não sucumbir às suas insignificâncias.

Ao fim do dia, sentia-se sufocada pela seqüência que antevia: voltar para casa sozinha, comer qualquer coisa e deixar-se ficar empan-

turrando de emoções perfeitas em frente à televisão, esperando o sono chegar, para recuperar-se para o dia seguinte de trabalho.

Sentia-se injustiçada; as imagens da televisão vendiam uma vida tão perfeita e tão cheia de sedução e beleza que se tornava cada vez mais difícil aceitar aquela condição de pura realidade. Era freqüente o desejo de se transportar para aqueles cenários fantásticos para sentir que vivia.

Preferiu ir para casa a pé, assim retardaria o início daquela rotina.

Foi-se deixando levar pelos movimentos, sentindo o corpo. Estranha sensação, sentia-se uma estranha. Mudou o passo. Por instantes quis dançar; queria poder aproximar-se de desconhecidos com a intimidade de quem conhece a raça humana. Precisava pertencer de novo à grande família humana.

Desceu a ladeira. A mesma força que a continha impedia seus pés de dançar. Não lhe fora permitido nem sentir nem dançar, somente respirar.

Respiraria então a noite que caía devagar e deixaria que o calor de novembro enchesse seu peito. Uma brisa refrescava seus sentimentos. Foi descendo em direção à rua principal, tocando com os olhos as pessoas que passavam, pedindo algum auxílio que a confirmasse, quase implorava para que abafassem aqueles pensamentos e anseios que insistiam em destacá-la da sua humanidade.

Temia que viver fosse só uma sequência de fatos narrados sem emoção. Não poderia ser este o destino de tudo que vive: acabar preso em fotografias ou palavras escritas no passado. Este não lhe parecia um grande destino: "Tudo o que vive acaba se esvaziando da vida até se tornar um retrato que pode ser observado sem riscos num álbum de família?".

Não permitiria a tristeza; afinal, acabara de descobrir o desejo de dançar.

As pessoas passavam apressadas, suadas, eletrizadas num fluxo de mão única. Parecia que todos tinham um destino importante a cumprir, hipnotizados pela excitação do ar.

Buscou o seu rosto, observando as caras anônimas que aguardavam o farol abrir. Precisava respirar, sentia a opressão que os dias muito claros e com muita luz costumam deixar ao mergulhar na noite. O bafo quente do ar a torturava. Ansiava por um vento forte que delineasse seu rosto; queria um contato forte que a despertasse. Sentir-se parte daquela massa de gente confundia-a.

Perambulou durante muito tempo, perdida, por não saber para onde voltar.

Sua impessoalidade a assustava e sentia a urgência de encontrar uma âncora que a resgatasse da deriva.

No céu, um espectro de lilás e vermelho. Seriam as mulheres mais vivas pelas cores que as tingiam em anos de história de misticismo e magia? Não importava, agora queria celebrar aquela sensação de pertencer, em comunhão com todas as mulheres que existiram.

Passaria a noite em vigília, encolhida nas nuanças de cores, afinando-se com a essência das mulheres; seria sua própria parteira, mãe e feiticeira. As mulheres seriam as redentoras da vida, por muitos séculos incumbidas do nascimento e da morte. Precisava aproximar-se da sua alma feminina.

Cansada de perambular pelas ruas, sentiu medo de ser engolida pelo enorme vazio que a habitava. Até ali não tinha existido, misturava a fantasia com a insuportável realidade, era míope e se confundia com a amplidão do mundo.

Continuou envolvida pela noite recém-nascida, até chegar ao edifício em que morava havia anos. Viera em busca dos sonhos, para enfrentar a selva da cidade grande e muito pouco de fato conquistara. Passara todo o seu tempo buscando ter coisas que lhe suprissem a sensação de vulnerabilidade. E tinha investido muito neste quesito: sua casa estava cheia de coisas. Tinha tudo, desde elétricos e eletrônicos até objetos de valor duvidoso que arrematava em leilões e brechós percorridos compulsivamente, na ânsia de preencher a casa vazia.

Abriu a porta dos fundos. Nunca lembrava de carregar consigo a chave da entrada principal. Flagrou-se sentindo-se uma marginal na própria casa. Era o mesmo sentimento que tinha com relação à sua vida. Seria só uma questão de direito?

Ali estava tudo em ordem, numa ordem estéril. A empregada se encarregava de mantê-la limpa e arrumada, espalhando no ar aquele cheiro de desinfetante que impedia até as bactérias de proliferarem. Não comeria da sua comida, achou melhor pedir uma pizza pelo telefone, pois pelo menos falaria com alguém, fingiria não achar o trocado para a gorjeta do menino que viesse entregá-la, obrigando-o a permanecer uns minutos até que ela se desvencilhasse do problema. Teria calor de gente em sua casa.

Sentia-se cansada. Precisava de um banho demorado, do contato da água com a pele. Ficou um longo tempo sentindo os pingos escorrerem pelo seu corpo até se decidir a desligar o chuveiro. Gostava de seu corpo, achava-o atraente e investia boa parte de seu dinheiro em cremes e vitaminas que contribuíam para a ilusão de que se poderia perpetuar. Não saberia dizer para quê ou por quê.

Olhou-se no espelho para certificar-se de si. Sentou-se e permaneceu um longo tempo olhando seu rosto refletido, tentando adivinhar as marcas que o tempo tatuara em sua pele. Estava envelhecendo, e curiosamente isto não lhe causava nenhuma dor, só uma leve melancolia por perder algo que realmente nunca possuíra. Despertava de um sono profundo e só agora descobria que o tempo passava. Voltou a se refletir no espelho, buscando a alma que deveria habitar seu corpo.

Sabia que passara seus anos a se machucar e a ferir as pessoas que cruzavam seu caminho. Dimensionara mal as suas dores e, por elas, não se importava com as pessoas que a tocavam. Esse corpo que a revelava não tinha ocupado um espaço importante em sua história.

Podia parecer um contra-senso, mas não se lembrava de que coisas importantes a tinham absorvido tão completamente em todos aqueles anos, que justificassem esquecer da sua existência. A luz daquele dia a lembrara das nuanças delicadas da alma feminina, dos afetos de se sentir humana e dos movimentos que se seguem ao se experimentar emoções. Paixão, desejo, dor, amor, sentimentos de quem vive. Esquecera-se deles em seu percurso e agora finalmente encontrava um espelho que refletia sua imagem.

– *"Espelho, espelho meu, eu existo? Que cara terá minha alma?", suplicou, em devoção.*

– *"Depois de uma certa idade, é a alma que ilumina o corpo. Que descuido viver minha vida sem mim! Onde encontrar a minha essência de mulher, se não consigo ter sentimentos tão simples como o pulsar da vida em meu corpo?"*

Observando seu reflexo, ela pressentia um confronto. Duvidava da capacidade daquela imagem perseguida de conter vida. Só queria a pura energia emanante, que a destacaria do inanimado anonimato.

Escorregou para dentro da cama, buscando aconchego no sono, ainda aturdida pelos sentimentos recém-aflorados em seus pensamentos. Estava agitada e levaria um longo tempo até que pudesse conciliar o sono. Tinha medo de ficar entregue à noite e esquecer-se novamente de tudo que a despertara durante o dia.

Pensou em si como um álbum de fotografias, em que a seqüência de poses revela as nuanças de uma mesma pessoa. Quantas poses tinha aglomerado, condizentes com seus sentimentos? Quantas tinha representado no seu tempo?

Ainda se sentia um reflexo perdido em um espelho qualquer.

Qual seria o seu rosto de mulher? Levantou-se, desistindo do sono. Buscaria sua história nos rostos que povoavam seu álbum de família. Quem sabe aquelas mulheres lhe diriam da sua essência herdada? Era o primeiro momento em que reclamava sua colcha de reta-

lhos, os fragmentos de si que carregava, como um estandarte do qual até então não se dera conta.

Parecia natural que fosse a resultante de várias gerações de mulheres e o que espelhava não era somente um conjunto de caracteres, mas o conjunto de histórias de todas as gerações precedentes. Resumia posturas, amores, amarguras e desejos de todas elas; mas não seria culpada sozinha por aquela seqüência de desperdícios que se repetia. Algumas daquelas mulheres tinham quase chegado a viver.

Adormeceu como adormecem as crianças, segurando com as mãos essa esperança.

Finalmente amanheceu um dia azul e ela gostava que fosse assim. Sempre associara a cor azul a sentimentos delicados, azul talvez fosse a cor da alma.

O azul lhe faria bem, era dessa qualidade de dia que precisava.

Pensou nas cores, nas auras coloridas que nos envolvem a cada instante, sinaleiros de nossas experiências. Como seria lindo ver as pessoas interagindo com suas cores; uma cor que tendesse ao vermelho, com certeza convidaria a encontros sensuais, despertaria os sentidos. Achava que a energia pura seria vermelha; o amarelo associava à traição, nunca confiava em quem se vestia com freqüência de amarelo.

Seria mais simples se pudéssemos ler à nossa volta as energias que costuram e tecem as nossas relações. Não tinha idéia de onde vinham essas crenças, mas jamais as desprezara. Concentrou-se no azul, a cor de que necessitava agora. Vestiria azul, queria estar bonita como o dia.

Escorregou para fora da cama com preguiça. Era sábado e teria o dia inteiro para si. Pensou nas inquietações da noite anterior e teve medo de esquecer, como sempre fazia quando algo importante ameaçava tomar a frente da sua vontade. Buscou o espelho; estava calma e uma suavidade nova começava a despontar em seu rosto. Arrumar-se-ia cuidadosamente como havia muito tempo não fazia.

Ainda dependia muito do que aquele espelho refletia; era como se só através dele fosse capaz de sentir-se. Desculpou-se, pois tudo ainda era muito novo.

Lembrou de toda a dor que sentira na noite anterior. Seria muito difícil não se empenhar para descobrir qual dos ascendentes banira o direito de vida da sua genealogia. Sentiu um alívio por retomar, desta vez, sentimentos que a levariam finalmente à sua redenção, embora sem a certeza de que isto aconteceria, pelo hábito que tinha de sempre se deixar ficar no meio dos caminhos. Buscaria no álbum retratos de mulher, as figuras de mulher que cumpria. Precisaria dos pedaços e fragmentos remendados que chegaram até ela como um legado. Seria função sua selecionar o que, de fato, valeria a pena guardar e o que, como demônios, deveria exorcizar, para permitir que as futuras mulheres ganhassem o direito ao mundo feminino, sem culpa: um dia talvez, teria uma filha, e gostaria de estar em estado de graça para ensinar-lhe a vida.

Abriu a gaveta da penteadeira e retirou um embrulho de papel antigo, amarrado com barbantes. Lá estavam as fotos de que precisava. Pegou-as com a devoção de quem está diante de um oráculo, esperando uma resposta que lhe devolvesse a vida na forma original.

Buscava, naqueles retratos amarelados, os contornos que definiam as suas possíveis vidas, as vidas vividas por aquelas mulheres. Havia sorrisos tristes, de quem via seus sonhos, ao longo dos anos, se distanciarem de si. Buscavam ser amadas até o final dos seus dias. Tinham sido? Seus rostos as traíam. Suas vidas de mulher as teriam desviado do amor de que precisavam: revelavam a dor e a amargura de não ter a vida que doavam aos filhos que nasciam de si. Envelheciam ao saber do seu destino, de não poder sentir a alegria e o prazer, em luto por toda uma história de submissão. Por não se saberem livres, aprisionaram-se na ilusão de amor, condenando-se a não sentir o próprio amor.

Perseguiam durante a vida uma imagem que lhes asseguraria o amor eterno. Equivocaram-se na sua capacidade de amar, preferindo ser o objeto de amor. Definharam por não saber que não sabiam amar, esquecendo o projeto de Deus para elas, perseguindo um dragão que lhes corroeu a alma.

Mulheres tristes. Parecia que era esse o legado que resistira a ver, durante todo esse tempo. Nos rostos, o desdém ao prazer e à dor, expressão equivocada da desesperança.

Permaneceu um longo tempo olhando aquelas fotos que agora se espalhavam no chão. Sentia que aquelas mulheres teriam lhe roubado algo de muito valioso por ter-lhe ensinado somente a dor de não ter sido. Sentia uma espécie de transe e seu pensamento rodava. Senti-se acorrentada, presa pela roda de mãos que circundavam sua história: não poderia acolher sem ter sido acolhida, não poderia gerar sem ter sido fecundada, não poderia brilhar sem que lhe tivesse sido transmitida a luz. A vida que habitava dentro de si precisaria ser consentida, como precisariam ser consentidos o prazer e a dor.

Sentou-se em frente ao espelho, despedindo-se de tudo o que até então tinha sido sua história. Rompia-se o círculo vazio, ganhara a compreensão de que herdara a mulher triste, que ao abrir-se para o mundo para ser fecundada, feria-se mortalmente com as armas dissimuladas que lhe haviam sido oferecidas. Sentia que todos os equívocos transmitidos tinham-lhe roubado a alma. Repetia Eva, que no momento original, perdeu-se das mãos de Deus.

Queimou as fotos com o cuidado de quem conduz um ritual, exorcizando o não de sua história. Escreveria outra com suas mãos, incluindo o amor em seu corpo. Seria de novo filha de Deus, sairia do pecado original, corrigiria a vida para ganhá-la.

– Espelho, espelho meu, me conceda a força de ser!

Maria Lucia Teixeira da Silva

Terceiro conto: As delicadezas e as sutilezas da relação mãe e filha. Somos sempre mães e filhas ao mesmo tempo.

O velho sobrado reluzia naquele dia ensolarado. O branco das paredes, que contrastava com o azul real dos contornos de portas e batentes, e o sombreado formado pelo verde das folhagens criavam um ar bucólico; simples e imponente, destacava-se na alameda, antecipado por um também antigo flamboaiã. Parecia construído para protagonizar as telas dos artistas saudosistas do bairro. Tinha as janelas emolduradas por jardineiras e uma ampla varanda que o circundava em toda a sua extensão, mas foi o quintal cheio de aves barulhentas e com canteiros de flores que o tornou conhecido na vizinhança como "o Sobrado". E pelos cuidados constantes que sua mãe lhe dedicara, manteve-se, ao longo dos anos, como uma referência para os moradores daquele bairro.

Era descaradamente óbvio, mas era essa obviedade que o tornava casa.

Foi neste cenário que acontecera a sua infância: as brincadeiras de rua, a algazarra da molecada que morava por ali, o pão com manteiga e o café com leite de todas as tardes, eram os pensamentos que a ocupavam ao tocar a campainha do portãozinho que dividia aquele sobrado do mundo.

Atendeu-a uma empregada solícita que pareceu não reconhecê-la, pois a fez esperar para ser anunciada. Entrar ali novamente... Sentia-se nervosa, mas a espera parecia agradável; daria tempo para se acalmar e pensar em algo para dizer à sua mãe... Há quanto tempo teria sido sua última visita? Olhou, através da porta entreaberta, o interior da sala, reconhecendo a arrumação dos móveis, a luminosidade e o cheiro do almoço sendo aprontado na cozinha. Quantos anos haviam se passado desde que deixara aquela casa?

Os móveis de madeira maciça impecavelmente encerados, as toalhinhas de linho engomadas sob a floreira de violetas e uma cristaleira, uma composição que lhe era muito familiar; era nessa sala de jantar que costumavam se reunir nas datas importantes da família, num misto de sobriedade e cor que se chocava com a simplicidade dos outros cômodos da casa. Estes cômodos tinham paredes rústicas e piso de cerâmica que, decorados com parcimônia, revelavam os hábitos simples da família, contraste que as cortinas de renda branca tentavam minimizar.

Esse sobrado poderia contar a história de vida de sua mãe.

Desde que se casara, ainda muito jovem, mudara-se para lá e, logo no primeiro ano, iniciou o que seria a causa do seu confinamento: foi tendo um filho atrás do outro, até totalizar nove. Com essa rotina onde muito pouco tempo sobrava para si, logo se conformou que sua vida começaria e acabaria ali; entre fraldas e crianças só lhe restaria vestir aquelas paredes com suas fantasias e colecionar objetos, buscando em vão uma importância para a sua existência. Ser mãe parecia ser o único sonho possível de vislumbrar. E assim foi: cuidou compulsivamente dos filhos, mas parecia que nunca seria capaz de amá-los, por serem eles responsáveis por aquele fardo.

A casa, sim, lhe pertencia. Era onde podia expressar todo o seu talento de dona de casa; amava aquele concreto duro e jurou fidelidade e dedicação tanto às paredes como àqueles móveis e assoalhos. Queria eternizar-se ali mesmo, não se importando que isto lhe custasse o endurecimento do corpo e da alma.

Ela continuava ali parada, esperando o retorno da empregada e, enquanto recordava os detalhes daquelas paredes, imaginou que, apesar da imponência, o sobrado talvez gostasse de ser simplesmente uma casa para abrigar uma família, com pai, mãe e filhos. Aconchegá-los à noite e alimentá-los durante o dia, com algumas flores alegrá-los, e acolhê-los, enchendo sua varanda com redes para preguiça; mas não foi esta a sorte que o destino lhe reservou, depois que sua mãe elegeu-se sua única amante, enchendo-o de móveis e cuidados ciumentos. Hoje já não abrigava mais ninguém, a não ser ela mesma e uma empregada fiel que suportara os seus desmandos.

Houve época em que crianças e animais disputaram aqueles aposentos, mas a obstinação de sua mãe em abstrair a vida e manter cuidadosamente tudo e todos no lugar, fez com que se tornasse insustentável qualquer manifestação viva por ali: foram todos embora, um após o outro, e somente ele, o sobrado, e sua mãe permaneciam impassíveis; os dois, já envelhecidos pelo tempo, confundiam-se como se um fosse a extensão do outro: finalmente se possuíam.

Veio de dentro o sinal que consentia a sua entrada. Atravessou o pequeno jardim e, ao chegar à porta, vacilou. Sentia-se tímida e temia pelo sucesso daquele encontro, que deveria resgatá-la do exílio. Sua mãe a esperava na cozinha, o lugar em que mais gostava de estar na casa. Cumprimentou-a com o olhar, aproximando-se lentamente: sentia-se filha, estranhou. Ser filha era um sentimento ambíguo que a tornava menor. Meio sem jeito, ensaiava algo para lhe falar, esquecendo o que a trazia ali.

Sentiu um certo peso no ar, uma comoção como aquelas que sentimos ao entrar nas igrejas, provocada pela sensação de penetrar no espaço sagrado com a nossa pequena humanidade.

Achou que estaria a incomodá-la com a sua presença ou, quem sabe, fosse até bem-vinda, mas era difícil adivinhar-lhe as emoções, se é que existiam.

Essa mãe tinha sido enorme na sua infância e sempre fora difícil agradá-la com alguma façanha. Sempre crítica e perfeccionista, não tinha tempo para as bobagens de crianças, mas nunca deixara que nenhum filho faltasse educação e bons costumes; tinha sido mãe exemplar: educara, asseara e domesticara nove crianças e tinha consciência do dever cumprido.

Ali, sua mãe parecia abatida. Vestia as mesmas calças largas e camisa masculina que usara na juventude, mas que hoje evidenciavam ainda mais a sua magreza. Por um momento achou-a bonita. Mesmo envelhecida, não perdera aqueles movimentos suaves que tanto a caracterizavam.

Era a caçula dos nove e pouco convivera com os irmãos, que foram deixando aquela casa assim que se sentiram com algum recurso para sobreviver no mundo. Ela também seguiu o mesmo destino, mas sentia que ainda havia ali, naquela casa, algo que tinha deixado para trás. Talvez um momento, era difícil saber o quê. Só sabia do desejo de olhar o rosto de sua mãe, para descobrir quem era a mulher que conheceu somente como mãe durante todos aqueles os anos.

Não guardara mágoas nem ressentimentos, mas a longa ausência forçada havia deixado marcas profundas em seu peito. Ansiava por encontrar algo que justificasse a sua partida.

Continuava a olhá-la, percebendo como era difícil dirigir-lhe a palavra, sentindo um constrangimento enorme pela proximidade. Sua mãe, ali na cozinha, mantinha-se "a postos", cortando os legumes e colocando-os na panela, com a mesma precisão e habilidade com que conduzia todos os afazeres domésticos. Gestos repetidos e amados da infância.

Ela dedicara-se com afinco àquelas funções, mantendo sob seu cuidado pessoal o almoço da família, sem nunca delegar à empregada. Parecia sentir prazer em alimentar aquele batalhão de pessoas famintas e dependentes de seu comando.

Admirava sua força a ponto de não saber dimensionar realmente a sua estatura. Para ela, sua mãe seria sempre grande e forte, difícil de se abater. Era prática em suas condutas e tinha resoluções para qualquer tipo de problema. Enfrentou sempre tudo sozinha, fazendo parecer ridículo o cotidiano das pessoas comuns.

– "Mãe", foi a palavra que saiu, meio sufocada pela aflição. – "Voltei e pensei que poderia ficar..." Sua mãe parou por um momento os movimentos rápidos de cortar legumes. Quis falar-lhe, mas só fez olhá-la e, desconfiada, queria saber o que realmente a trouxera de volta. Queria deixá-la à vontade, mas não acreditava na possibilidade de mudar a agenda de uma mulher tão ocupada.

Sua filha saíra muito cedo de casa. Era a mais nova, em quem depositara toda a sua esperança de manter algum dos filhos junto de si. Tinha sido a filha que amara em segredo, nos poucos espaços que encontrou para se dedicar a algum amor.

Voltava agora como mulher; estava mais bonita ainda, tinha os olhos de um escuro profundo que lhe sombreava o rosto numa expressão inteligente e os cabelos abundantes que, caindo nos ombros, realçavam ainda mais a alvura da pele. Admirou-lhe os traços e o corpo perfeitos, orgulhava-se disto agora, vendo-a assim crescida.

Reconhecia a falta que sentia dos filhos, mas não tinha sido hábil em mantê-los próximos a si e, por isso, tinha-os perdido todos, um a um. Alegrava-se quando vinham à sua casa para uma visita, mas a falta de convívio com pessoas a tornara muito ríspida e insensível aos desejos deles.

Sabia que as palavras sempre a condenaram e por isso sentia pressão naquela visita, pressentindo que algo importante trazia sua filha de volta para casa. Temia que um gesto impensado ou palavras duras a afastassem definitivamente, percebendo que, em sua primeira tentativa, já causara algum constrangimento.

Mas era assim que havia se acostumado. O fato de estar sempre só e lidando somente com a empregada tornara sua voz autoritária. Sabia disso e, por isso, agora lutava para disfarçar.

Realmente não saberia como demonstrar alegria e satisfação. Muitos anos com a casa, com os bichos e com as plantas lhe deram somente sensibilidade para compor os jardins e era lá que se alegrava. Vibrava com o ressurgimento das onze horas após o inverno e exultava com o esforço das tulipas ao desabrochar. Era lá que passava o tempo admirando as cores e a festa das flores. Esse era o amor que conhecia e a que se dedicava com o carinho que se dedica aos amigos.

Sabia das suas emoções com os canteiros, mas não as tinha sabido com as crianças e com o marido que sempre se manteve distante das questões domésticas e, como o avalista do lar, sobrecarregou-a a vida inteira com todas as decisões a respeito da administração e da educação dos filhos, até se ir definitivamente. Fora muito só, e reconhecia que perdera muito tempo ocupada com a casa e hoje não sabia mais lidar com estas pessoas em quem as suas crianças haviam se tornado. Pareciam muito complicadas diante da sua simplicidade.

Ao mesmo tempo em que desejava muito se aproximar deles, rezava para que estes encontros fossem curtos e espaçados; sentia-se muito angustiada ao lidar com todos esses desejos e desapontamentos.

Queria muito acertar, mas não se sentia capaz. Era como estar no meio de estranhos.

– "Coma alguma coisa", foi a única coisa suave que lhe ocorreu dizer à filha.

– "Obrigada, mamãe, já almocei".

Sentiu que falhava, rompendo a comunicação. Estava perdida, não lhe ocorria mais nada para falar e tinha-se equivocado na sua tentativa.

Percebeu-se meio sem jeito diante daquela mulher que agora tinha hábitos sofisticados e muito distantes da sua realidade. Sentia falta da sua filhinha, daquela filhinha que sempre a acompanhara em seus afazeres domésticos; sempre silenciosa, de um silêncio cúmplice de quem entendia a sua solidão. Pequenina já a ajudava a suportar sua dor, tinha sido sua única companhia.

Lembrou-se do quanto gostava de pentear-lhe os cabelos e de vesti-la com vestidos de fitas que ela mesma fazia. Voltava o orgulho que sentia ao vê-la linda como as meninas que se vestem nas lojas mais bonitas da cidade. Sentiu vontade de abraçá-la, mas não sabia mais como fazê-lo, algo paralisava seus movimentos, paralisando seu gesto no ar.

Era incapaz de manifestar afetos e sentiu-se extremamente infeliz com essa limitação. Parecia que tudo a desviava da sua intenção e pressentia que perderia sua filha de vez, se não tentasse algo novo para aproximá-la.

Desejou tanto este encontro – o dia de ter a filha de volta – que passara horas imaginando como seria vê-la novamente, para compartilharem aqueles dias calmos da infância dela. Percebia-se extremamente ansiosa, não conseguia mais controlar as emoções.

Esta era a sua filha predileta e nunca pudera dizer-lhe da admiração e afeto que lhe dedicava, em silêncio.

Sentiu-se observada; era um encontro de olhares e sentimentos confusos. A fala de sua filha a despertou daquele torvelinho.

– "Mãe, voltei só para te ver e contar de mim. Estou feliz por estar aqui de novo."

Emudeceu, pois as emoções sempre a confundiam. Como seria tê-la de novo? Ela mesma parecia muito diferente agora, com gestos desenvoltos de mulher decidida.

– "Posso ficar com você por uns dias, até achar um lugar para morar?" Sua mãe não poderia imaginar a importância daquilo em sua vida, o quanto naqueles anos de ausência ansiou por uma casa para voltar. Precisava da certeza de que poderia ficar.

Tivera muitas expectativas para este encontro, mas parecia haver um abismo entre elas. Ouvia-a, agora, contar com detalhes as dificuldades de uma vizinha com os pais idosos, monólogo que em seguida passaria ao resumo dos problemas em pauta na família. Nada mudara, tudo permanecia exatamente como era no momento de sua partida. Continuava o seu discurso gesticulando muito, falou das brigas entre os irmãos, da falta de dinheiro e da carestia e de todos esses assuntos que parecem fascinar as pessoas de idade que passaram a vida dedicadas à família.

Nada mudara. Parecia eternizada no tempo. Tentou introduzir-se na conversa, contar talvez de sua vida ou recordar algum momento do passado, mas ela parecia não lhe dar ouvidos. Suas tentativas foram invalidadas, antes de qualquer som sair-lhe da garganta. Desistiu e permaneceu um longo tempo só observando.

Aquela mulher à sua frente, emoldurada pelos azulejos da cozinha, era sua mãe. O rosto pálido sob os cabelos descoloridos, marcados pelo tempo, a traíam: não era o rosto de alguém que tinha sido feliz. Pensou com tristeza que a vida lhe secava no corpo e temeu que o pouco tempo que ainda lhe restava, fosse consumido pelos mesmos gestos e mesmos discursos.

Sentou-se à sua frente, amando aquele rosto flácido, percebeu que aquelas mãos rudes pelo trabalho pesado estavam ainda trêmulas pela ansiedade. Sorriu, trazendo-a para perto de si. Ficaram as duas mulheres a se olhar demoradamente, sentadas à velha mesa da cozinha, com as mãos entrelaçadas.

Nunca tinham na vida compartilhado palavras, sabiam do silêncio, a única linguagem comum de emoção que conheciam. Somente a cozinha por testemunha.

Maria Lucia Teixeira da Silva

Quarto conto: A paixão, o prazer e o medo que permeia a experiência de se revelar como mulher!

O telefone tocando parecia chamá-la do encantamento que aos poucos tinha se apoderado do seu pensamento. Hesitou em atender por não saber se haveria alguém dentro de si que pudesse responder àquele chamado. Desligou o telefone da tomada. Ficaria sozinha, não havia ninguém para aquela urgência.

Deixaria o barulho lá fora, não se sentia com vontade de estar com pessoas, pois havia dias vinha se irritando com as ausências sempre presentes das relações. Pensava no vazio em que mergulhamos por querermos estar com o outro. Ficaria sozinha, até que seu pensamento se acalmasse.

Perdera-se nas fantásticas histórias que a envolveram nas últimas semanas. Agora se encolhia, em segurança.

Era com a chuva que caía lá fora que chorava a sua tristeza; lavaria seus sentimentos com aquela água que jorrava do céu. Permaneceu olhando a chuva forte através da vidraça do seu quarto, observando os movimentos vigorosos da água que açoitavam o vidro, querendo invadi-la. Não permitiria a dor.

Olhava, através do vidro, a naturalidade com que as forças da natureza se chocam com violência, lembrando-a dos sentimentos contraditórios que a tomaram e que em algum momento se desviaram, levando promessas e ilusões a se perderem.

Estava confusa, sentimentos ainda muito duros a impediam de se solidarizar com a rosa, que ainda em botão, resistia à fúria do vendaval, buscando desesperadamente se preservar para o longo processo do desabrochar.

Acendeu um cigarro num gesto automático, permanecendo um longo tempo olhando a fumaça que se diluía na vidraça, embaçando-a. Via através do vidro sua história fria lá fora. Sentia-se como aquelas figuras que mal sabiam se definir; via seus sonhos como aquelas imagens, que por existir na consistência da fumaça, se perdiam em indefinições.

Sim, se compadeceria da rosa, sabia o que era tentar manter a integridade sob um vendaval, acabara de decidir que não perderia a sua.

Deitou-se em sua cama sozinha, deixando-se envolver pelo torpor que o cigarro lhe causava, amenizando seus sentimentos, anestesiando-os. Permanecia em confusão, ainda sentia que sua cabeça flutuava e que uma força maior do que ela, tinha conduzido os últimos acontecimentos.

Teria querido a transparência do vidro, pensava o amor como lentes que ampliam as formas, revelando os detalhes que as compõem, permitindo a apreensão da emoção, em todas as suas nuanças. Permitira a si mesma a beleza.

Ansiava por fundir-se como o vidro, transformando-se na forma amada. Amara o amor sobre todas as coisas.

Pressentira, desde o primeiro momento, que aquele sorriso a asfixiaria e, mesmo assim, perdera os limites que definem quem protagoniza e quem agoniza o amor. Traíra-se, ao deixar a transparência do vidro revelar as emoções que a continham.

Passara dias buscando igualar aquele sorriso a outros, para minimizar a sua força, não conseguira. Queria o amor e não podia ainda dimensionar a dor que acompanha as grandes trajetórias de quem ousa a paixão. Amara a dor.

Perseguira as sensações que a tomavam agora, antecipando uma história que a levaria a extremos nunca imaginados. Amara a espera.

Todos os sentimentos que despertavam no interior de seu corpo a impulsionavam a buscar aquele amor que, sabia, se daria sem resistir. Permitira a paixão e amara em solidão.

Naquela noite, uma pequena multidão se acotovelava na esperança de poder dançar no minúsculo espaço daquela danceteria enfumaçada. Era a primeira vez que se aventurava a ir a um desses lugares onde as pessoas parecem saídas de histórias de filmes, sem o compromisso de representar o script. Observava as cenas em que eram escritas as histórias; olhava, fascinada, aquelas pessoas que protagonizavam a festa, pareciam falar em uma espécie de código que fazia com que todas repetissem o mesmo gesto! Todos pareciam estar à disposição de qualquer coisa, vendendo, como em vitrines, sonhos fantásticos e diversão.

As luzes rodando acendiam infinitas possibilidades de desejos que iam se revelando nos movimentos frenéticos que saíam dos corpos que se sacudiam no centro daquele espaço, num jogo tribal. Aquele frenesi parecia chamá-la, tocando em um ponto muito interno de seu corpo que desconhecia, como se a preparasse para uma iniciação. Sentia sua cabeça rodar e se abrir vazia, recebendo todas as imagens, ao mesmo tempo em que começava a ser invadida por uma alegria incontrolável.

As pessoas não se reconheciam, transfiguradas pela penumbra, oferecendo caras muito diferentes das habituais. Naquela noite também ela havia se arrumado cuidadosamente, para se mimetizar com aquilo que lhe parecia ser a única possibilidade da alegria.

Permanecia ali parada em expectativa, olhando o movimento que o barulho desordenado causava, estava prestes a despencar no caos. Esperaria, não sabia o que a aguardava, mas tinha como certo o encontro.

Em segundos, uma presença paralisou seu pensamento, tocando-a no coração com violência; tremeu ao sentir que chegava o seu momento. Ele ali, tão desconhecido e já tão íntimo, sorria-lhe insinuante, contando com um papel certo para aquele cenário. Olhou-o extasiada, estava iniciado o rito, e ela já intuía a seqüência de ações.

Naquele momento, sentia que seu coração se tornava um caleidoscópio, com todos aqueles caquinhos coloridos que rodavam vertiginosamente, transmutando-se alucinadamente para criar momentos fantásticos que durariam segundos, para logo em seguida metamorfosear-se, dando a ilusão da beleza. Queria a ilusão, fingiria o amor.

Todas as suas nuanças aconteciam ali, ao mesmo tempo. E se revelariam no amor. Paralisou-se em expectativa, sonhara a paixão e naquele momento lhe parecia sensata a confusão. Mas se permitiria a loucura.

Perseguiu o sorriso que a encantava agora. Era lindo aos seus olhos e suas formas se modificavam a partir dos focos que o defini-

am. Deslumbrava-se com seus gestos, movimentos, histórias e mentiras. Amaria seu corpo, queria o desejo.

Ele ali parado, à sua frente, mantinha-se tão perto que mal dava para entender o significado das palavras que dizia. Eram somente palavras que, por se tornarem concretas, rodeavam sua cabeça em ondas, com força, arrebatando-a. Naquele momento passara a perseguir a idéia de tê-lo para si e perder-se para ele.

Desejou perder-se em seus olhos para poder experimentar o mundo através deles, transformando todo o seu, segundo aquelas lentes. Novamente congelava-se em expectativas, aquela imagem de homem tinha mantido sua cabeça em suspenso durante todos aqueles segundos. Tinha urgência em falar-lhe para que finalmente pudesse confiná-lo em seus sonhos.

Começava a temer a intensidade do seu desejo. Será que compartilhavam as mesmas emoções? Não queria respostas, neste momento fascinavam-na as perguntas. Olhá-lo bastaria, seria tudo o que ele mais desejasse e se tornaria os desejos dele. Viveria a paixão, ainda que não pudesse dimensionar a dor que a acompanha. Amaria a paixão.

Sentiu que começava a mergulhar em águas de onde não sabia se seria possível emergir, uma ponta de medo já começava a torturá-la. Em segundos viu suas expectativas despencarem à medida que um medo ilógico crescia em seu corpo. Sentiu seu coração gelar e, todas as suas convicções que até um momento atrás pareciam as mais puras verdades, começavam a se esfumaçar. Sentiu vertigem, e com ela viu rodarem todos os seus desejos e fantasias.

Paralisou-se no medo, não permitiria a paixão, não poderia experimentar a dor, fugiria para um lugar bem distante, onde se sentisse em segurança.

Partiu com ele sem saber para onde, deixando-se conduzir pela sua história.

Depois de todas aquelas semanas, gostava de estar novamente em seu quarto, vendo o mundo pela vidraça, em segurança. Sentia que aquele homem que a raptara poderia partir para sua vida também em segurança; era assim que tinham optado por viver: em emoções contidas, que não ameaçassem sua lucidez.

Ansiara por possuir aquele sorriso e sabia agora que, por fundir-se a ele, perdera a nitidez que definia os contornos de seus corpos, o que os fazia dois. Viveu tão intensamente a paixão que amou a si mesma em confusão.

Perdera-se, perdeu o que queria seu. Amara um homem que sabia teria que chamar homem antes de chamá-lo seu.

Tinha um CORAÇÃO DE VIDRO, tão frágil que a primeira emoção pôde quebrar. Amaria em solidão.

Todos os meus personagens internos me definiram: a filha, a mãe, a amante, escolhas que revelam formas de ser mulher. Formas de pedir, formas de amar, formas de perdoar.

Cada fragmento representou um encontro e uma despedida de formas e movimentos escondidos de mim.

Escrevo para me solidarizar com o feminino que ainda está escondido em vários corpos de mulher, para lembrar que a conquista mais importante, que revela o nosso valor, é a aceitação amorosa da necessidade de viver as verdades e as sutilezas do nosso corpo, para então abrir-se para o mundo, na forma de mulher.

O feminino e o feminismo

A mudança de comportamento da mulher e o conjunto de expectativas culturais da função do feminino refletiram-se no corpo.

As mulheres da Renascença, redondas, amatronadas, refletiam a valorização da maternidade, da fertilidade. O puritanismo da era vitoriana recolheu o feminino à austeridade, escondendo suas formas, enrijecendo seus gestos, confinando a mulher, sombreando seu corpo.

Maria Lucia Teixeira da Silva

As mulheres, relegadas às funções familiares de mães e esposas, se desligaram de seus corpos por muitos séculos; ele voltou ao cenário no pós-guerra quando teve início o processo de liberação do feminino, por muito aprisionado pelo moralismo machista. A exposição do corpo da mulher passou a representar um símbolo de libertação da condição de inferioridade. Aparentemente, um gesto de rebeldia e de apropriação de seu corpo.

O Movimento para Libertação da Mulher teve início com o acesso da mulher ao mercado de trabalho e a ampliação da sua participação no mundo. O contato com o mundo real e a exposição à informação permitiram os questionamentos e as respostas que lhes faltavam para assumir posturas mais agressivas e independentes do estereótipo de esposa subserviente. Uma famosa queima de sutiãs em praça pública nos anos 60 e o advento da pílula anticoncepcional tornaram-se o símbolo da emergência da nova mulher.

Seríamos donas de nosso corpo, nossos peitos não mais seriam apertados e só engravidaríamos quando fosse o nosso desejo. O corpo símbolo da modelo Twiggy, famosa nos anos 60, representava a negação de todo aquele universo a que a mulher se sentia confinada, que a sufocava e anulava. Sem peitos, negava-se à maternidade, sem formas, não se prestava à erotização vazia do machismo. Com o corpo indefinido, a mulher iniciava sua jornada em busca do feminino, que daria volume ao seu novo corpo.

A causa estava no início e os muitos obstáculos desviaram esse percurso e empalidecerem essa construção. Agora talvez possamos identificar alguns equívocos.

Negar o corpo ou usar o corpo foram atitudes que não ajudaram a emergir um novo movimento de expressão da essência do feminino no corpo da mulher. A cultura continuou a dominar o seu universo, manipulando e atuando sobre seu corpo.

A ditadura dos regimes, a exclusão das gordas, a rigidez dos padrões de beleza continuam a confinar o corpo feminino a uma condição menor e inferior e não proporcionaram a verdadeira autonomia e a liberdade almejadas.

O corpo da mulher ainda hoje é prisioneiro das expectativas culturais e está condicionado a um forte apelo sexual, dividindo a mulher. Por um lado, a necessidade de mostrar competência em todos os setores da sociedade, para ocupar posições no mercado de trabalho; por outro lado, a necessidade de ser a mulher sensual.

Os movimentos para a igualdade do valor da mulher não criaram as condições necessárias para o fortalecimento das características do feminino. Ainda somos reduzidas a bundas e peitos, fixamos um machismo velho em nós, não atualizamos o masculino. Refletindo ainda o forte apelo consumista da sociedade, vemos nossos corpos padronizados, enxertados com silicone e botox, como uma bandeira equivocada da libertação da mulher: temos o corpo que queremos! Será?

Adotamos corpos e não tivemos acesso às possibilidades dos nossos corpos reais.

Percebemos hoje que esse movimento indicava apenas uma liberdade reativa, tanto é que ainda estamos condicionadas às imposições dos papéis culturais da nossa época. Fazendo uma releitura, podemos dizer que a independência da mulher está apenas engatinhando e que autonomia é um processo longo que pede atenção, cuidado e paciência.

O subdesenvolvimento do feminino se revela no excesso de preocupação em permanecermos fixadas em formas infantis; isso mostra que o tempo real não tem dado oportunidade para que o feminino amadureça.

Como o ciclo não se completa em plenitude, as mulheres permanecem na expectativa de sua emergência, congelando a juventude, que, irreal, só agrava a frustração.

O feminino se manifesta também em ressonância com o masculino. É preciso um masculino forte para sustentar a força do feminino.

Mas como está o masculino hoje?

A princípio pensei em um capítulo à parte para discutir essa questão, mas acredito que esse tema que esteja ligado à questão do feminino e, portanto, é inseparável dele.

Assim como as mulheres se mobilizaram para se apropriar do próprio corpo e se aprofundarem em seus movimentos de igualdade de valor, o masculino viveu seu contraponto inevitável de questionamento sobre posturas, vaidades e potência.

A pressão do feminino fez desconstruir mitos e símbolos do universo masculino que já haviam se esgotado, precipitando um caos do qual pudesse emergir um novo significado funcional para essa nova realidade.

No livro *Em Busca de um Homem Sensível*, Anaïs Nin já alardeava a direção para a transformação necessária do homem que acompanharia as mulheres em seu movimento de liberação, considerando mais espaço para a sua sexualidade.

"Não ao machismo", "menino não chora", "não à vida distante dos problemas caseiros". Um verdadeiro terremoto ameaçava quebrar os alicerces da decantada força do masculino.

Pela primeira vez, o homem era convidado e autorizado a participar do mundo das emoções e a mergulhar em seus sentimentos.

Na verdade, o convite era para participar das relações afetivas de corpo e alma, o que provocou muita ansiedade e medo. O seu universo de força estava ameaçado, uma vez que estava sendo solicitado a atuar em questões muito estranhas à sua natureza social.

Estabeleceu-se um conflito entre o conquistador viril e o homem sensível que provocou muitas angústias e pressões sociais para mudanças de posturas e refletiu-se na forma de estar no corpo e de se relacionar com ele.

A natureza masculina, mais ativa, corajosa e forte pede uma presença corporal que sustente essas posturas. Ser conquistador pede equipamento próprio, que valide sua potência. A sensibilidade é pertinente ao universo feminino.

Como compor esse novo homem, forte e sensível, transcendido de resquícios machistas? Será que é possível pensar que os anos de machismo realmente se extinguiram?

Sabemos que não é tão simples assim; os modelos masculinos reforçam posturas definidas para vencer desafios, liderar, conquistar e auto-afirmar-se como homem. Nossos homens ainda não se sentem à vontade com as expectativas femininas em relação à sua sensibilidade.

O repúdio aos modelos mais autoritários e violentos ou abandonadores e frios deixam muitos homens reduzidos a meninos com dificuldades de se firmar.

Sem modelo, ficam filhos, buscando representar para a figura feminina o menino bonzinho que suas mães idealizaram. Outras decisões também comprometem nosso homem: o machão rígido que se nega a qualquer ligação afetiva com uma mulher, aquele que nunca se envolve com ninguém, até para não sucumbir ao desejo de ser amparado e se confrontar com o seu desejo de permanecer no colo. Ou ainda, o conquistador irresistível, que testa o tempo todo seu poder de sedução, mas na verdade está sempre a se relacionar com o seu próprio pinto, para se certificar de que funciona, esquecendo que do outro lado tem gente...

A confusão entre potência e violência faz muitos homens desistirem de sua assertividade, de serem objetivos e mais contundentes, por se sentirem uma ameaça. Reprimindo sua força, atuam uma passividade traduzida como incapacidade de corresponder ao que o mundo espera dele, fazendo da sua angústia, a sua impotência.

Tenho visto muitos homens permanecerem como um potencial, fixados em uma condição mais confortável, porém mais regredida, fantasiando que poderiam ser muitos ou tudo ao mesmo tempo. Só falta crescer!

Essa opção por "não ser ainda", ou a dificuldade de assumir que o modelo do novo homem ainda não nasceu, é responsável por muita frustração nos relacionamentos em que a mulher, mais assertiva, não tolera se relacionar com meninos. Sente-se traída por não reconhecer o homem no seu relacionamento.

Tenham paciência mulheres, o novo homem está em gestação!

Enquanto para a mulher foi mais fácil e mais excitante a conquista do universo masculino, representado pelo glamour de mais liberdade e mais reconhecimento, para o homem, assumir o universo feminino não foi e nem será tão fácil assim, porque ainda é assustador o fantasma da fragilidade e da desvalorização que este universo representou durante séculos de dominação masculina.

Na verdade, foi dado ao homem o direito de sentir, não só para estar mais presente, mas para se descobrir em novo formato, não mais **sensível,** mas mais **afetivo**, qualidade que fortalece a estrutura do masculino abrindo espaços de intimidade, incluindo em si o peito, não como uma armadura, mas um peito quente, amoroso, capaz de ser companheiro e colaborador. Acrescentando às características de força e potência a possibilidade amorosa no encontro entre homens e mulheres.

Segunda parte

Capítulo 4

Conceito de campo, ressonância e acoplamento

Para podermos acessar um enfoque realmente novo sobre o nosso processo de relacionamento com as realidades da vida, é importante reformular a forma de olharmos para as questões básicas que sempre nos intrigaram.

Por que ninguém me entende? Acho que estou fazendo o melhor, mas o mundo não responde às minhas expectativas. Por que minha vida me carrega por caminhos que não quero?

Um foco que talvez ajude a ganhar uma nova perspectiva sobre as nossas dificuldades de lidar com a realidade é considerá-la sob uma condição energética.

Não vou, por enquanto, entrar em detalhes sobre o que é energia, mas vamos considerar os seres vivos como núcleos geradores, que interferem no mundo em que vivem e sofrem interferência dele. Vou tentar explicar melhor: se pensarmos que criamos condições internas, fisiológicas, psicológicas e musculares, que determinam comportamentos e até "certos climas", podemos começar a nos perceber como focos geradores de campos, que interagem com outros campos.

A admissão desta premissa nos coloca em relação com o universo de forma conectada, acoplada a eventos fora de nós, que dão referência a nossa história, como padrão de vibrações e frequência. Isto é, temos uma composição única, mas ao mesmo tempo ressoamos (soamos junto) e nos acoplamos, vibramos de forma a nos ligar aos sistemas mais amplos que nos contêm.

A prática da Terapia Corporal, na qual me especializei, considera três campos fundamentais para nossas experiências existenciais: **o campo materno, o campo familiar e o campo social.**

Dentro do nosso contexto histórico, podemos pensar que nossa primeira grande experiência é a repercussão da nossa inserção no campo materno. Nossa ligação e a dupla que formamos vão balizar muito do nosso jeito de lidar com gratificações e frustrações e a forma como internalizamos nossa matriz afetiva e nosso senso de existir. Nós nos vemos pelos olhos de nossa mãe cujo brilho nos confere valor, aceitação e aconchego. A falta desse brilho nos faz errantes buscadores de aceitação e reconhecimento fora de nós e além de nós.

O conjunto de experiências nesse campo determina o arsenal de recursos que usamos para nos cuidar, proteger e, no limite, para sobreviver.

Um campo materno árido, pobre de estímulos e contatos, nos torna duros e com grandes buracos afetivos, vividos, muitas vezes, como carência, depressão e melancolia.

Um excesso de cuidado de mães vaidosas e controladoras nos deixa frágeis, passivos e dependentes dessa presença, que toma para si toda a força criadora do campo, deixando-nos com sentimentos de desimportância e apequenamento.

Um campo materno vigoroso e saudável provê as condições necessárias para qualificar, desenvolver e fortalecer a outra parte da díade, isto é, o filho. Nesta dupla, a energia do prazer de cuidar e de ser cuidado mantém um campo erotizado, alegre, onde a satisfação envolve mãe e filho, numa grande experiência para ambos. Em outras palavras, esse tipo de experiência confirma a expressão e a existência do filho como parte importante na qualidade da própria experiência, colabora para a vivência de um campo cuidador generoso, que aceita compor e ajuda a formar as habilidades de cuidado e proteção, sem necessidade de isolamento ou violência.

Um bom campo materno nos garante a habilidade de saber nos proteger, de nos cuidar e nos nutrir em nossas relações futuras.

O segundo campo importante no nosso amadurecimento emocional e afetivo é o campo familiar, com o aumento da influência da função paterna e afrouxamento da díade mãe e filho. São as matrizes de convivência e capacidade de incluir outras relações no nosso campo de influência e, principalmente, de aprender a lidar com o princípio de realidade.

Esse campo nos ensina a nos relacionar com limites e possibilidades e a discriminar importância e valor, em nossos núcleos de convivência.

As características relativas à participação familiar influenciam nossa inserção no corpo social. Condicionadas pelo padrão familiar de educação e respeito, as bases do comportamento ético e cultural do indivíduo começam a ser formadas neste campo.

Uma deficiência na saúde deste campo induz a confusões e indiscriminações.

Uma grande mudança do núcleo familiar, decorrente da transformação da composição das famílias, vem sendo alvo de estudos prospectivos que visam a definir os destinos da nossa sociedade. O fato de os casamentos estarem apoiados exclusivamente na experiência do casal aumentou a frequência dos divórcios e de novos casamentos, causando desdobramentos da família nas mais variadas composições.

O lado positivo é o enriquecimento de modelos e a ampliação das demandas de convivência que flexibilizam posturas, agregam valores e amadurecem o afeto.

O lado negativo é a confusão de funções, que pode ser vivida como abandono e marginalização.

A transformação do universo masculino tem deformado o senso de discriminação das funções paternas nos núcleos familiares. Pais que brigam para serem mães, homens que se ressentem do próprio modelo paterno e o evitam, embrenhando-se em uma competição para ocupar o lugar da mãe de seus filhos. Pais vaidosos que gostam de se auto-referenciar, como verdadeiras mães dedicadas, sem perceber o estrago que fazem ao usurpar um lugar que não é seu e deixando o seu próprio espaço e responsabilidade vazios. Prejudicam os filhos, privando-os do desenvolvimento dessas relações, deixando-os sem pai e sem mãe.

O campo familiar se distorce e entra em crise. Os jovens e crianças de hoje ressentem-se da confusão e da falta do princípio paterno, principalmente quanto à aceitação de limites, frustrações e ampliação de vínculos. Poderíamos nos ligar com mais afeto, indo além do padrão dual. O pai que ocupa seu próprio lugar garante que não precisaremos ficar confinados nas relações e prisioneiros das expectativas afetivas nossas e dos outros. O pai garante um campo que sustenta a diversidade de ligações mais arejadas e funcionais e, consequentemente, autoriza o crescimento em direção à vida, proporcionando o amadurecimento emocional necessário para fortalecer o senso do pertencer e a responsabilidade dos indivíduos com relação ao campo que os gerou.

A modernidade e os modismos custam caro à sociedade e, muitas vezes, têm reflexos danosos. Seria melhor que aqueles que analisam superficialmente e incentivam essa tendência fossem avisados de que, irresponsavelmente ou até ingenuamente, estão interferindo na formação do campo familiar e na construção de valores pertinentes a esse âmbito. A família é o campo gerador de valores, do senso de pertencer e da responsabilidade. Cabe ao pai definir e fortalecer as condições necessárias para o desenvolvimento de inclusões responsáveis e interações significativas e construtivas. A chamada célula da sociedade, hoje, perde qualidade em virtude da ambivalência com que os adultos assumem suas funções diante dos filhos gerados.

Pelo *I Ching*, livro de sabedoria oriental, "Quando o pai é pai, a mãe é mãe, e o filho é filho, o mundo está em ordem".

A partir da idade escolar, começa nossa socialização e integração do campo social. Nossa família é a interface que promoverá as experiências necessárias para o desenvolvimento dos códigos que facilitarão ou não nossa inserção no mundo e determinarão como vamos interagir com a escola, com o bairro, com a cidade e com nosso país. Essas composições estarão nos ensinando os acessos sociais de convivência e adequação.

Nem sempre discriminamos os campos e, por isso, as confusões se manifestam quando forçamos nossa inclusão com expectativas equivocadas. Resulta que queremos ser cuidados no trabalho, durões nos relacionamentos e mentais no afeto.

As grandes dificuldades de relacionamento provêm da falta de adequação e percepção dos campos de influência.

Muitas vezes não percebemos nada além de nosso próprio campo, fazemos o melhor sem olhar as condições dos campos fora de nós e, por isso, sentimo-nos incompreendidos e solitários.

Todos conhecemos alguém, um amigo ou vizinho, que é muito disponível, que adora ajudar, mas quando pedimos sua ajuda, logo nos arrependemos. Ele chega tomando conta do espaço, quer que tudo saia do jeito que ele acha que deve ser, agita-se muito e não resolve nada.

Na verdade, ele está ali para resolver a necessidade dele de ajudar e, por isso, é incapaz de realmente interagir e adequar a sua disponibilidade e os seus recursos às demandas reais. Final da história: dupla frustração. Nossa, pois nos sentirmos impotentes e culpados por não conseguir ser ajudados e do outro, que sem perceber, só atrapalhou, não colaborou em nada!

Outra grande confusão está na nossa expectativa de ser reconhecido no trabalho como o filho predileto. Fazemos tudo para que nosso chefe nos olhe com admiração e nos dê tapinhas nas costa como que dizendo: Aí, filhão(ona) ! Esse(a) é o(a) meu(inha) menino(a)!

Claro que ele não sabe disso, mas magoamo-nos com suas críticas e reagimos aos nossos colegas como se fossem irmãos. Ficamos ressentidos e ciumentos, isolamo-nos.

Muitas vezes, comportamo-nos de forma bizarra e inadequada porque esquecemos de olhar para fora de nós para reconhecer em que campo estamos acoplados e que mensagens devem ser sintonizadas a fim de ressoarmos de forma harmônica e gratificante.

A maior dificuldade é ter jogo de cintura para transitar adequadamente entre os campos, reconhecendo as dissonâncias e concordâncias que apresentamos nas formas com que nos ligamos a realidades específicas.

Aqui, a dica é saber olhar e ver, reconhecer o próprio foco e perceber que as ligações que fazemos na vida também estão de acordo com nossas características, e o sucesso das relações estabelecidas está em discriminar os recursos que serão produtivos para determinado campo de interação.

Nem todos os nossos recursos cabem sempre em todas as situações e, quando despejados de forma inadequada e sem a obtenção de reconhecimento, dizemos que demos pérolas aos porcos. Mas será que não inundamos o campo, fazendo com que esses recursos escorressem para fora?

Capítulo 5

Corpo e vitalidade: uma rede colaboradora

Este é um assunto pelo qual devemos realmente nos interessar, uma vez que é a vitalidade que promove nossas ações na vida. Com uma baixa vitalidade, temos um universo de relação pobre. Com uma boa vitalidade, abrangemos uma perspectiva ampla, mais rica em respostas às nossas necessidades de realizações. A nossa forma de pensar, falar e agir definem nosso campo de interação e as nossas capacidades emocionais e afetivas também são bastante responsáveis pela abrangência de nossa saúde.

Saúde: um conceito em movimento

Ao falar como nos sentimos no corpo, é muito bom lembrar que estamos ancorados em um, e que só o valorizamos quando adoecemos, quando não conseguimos realizar funções básicas, como dormir direito, comer, trabalhar.

Aí, corremos assustados ao médico, pedindo ajuda para retomarmos essas condições básicas. Nosso bem estar só fica evidente quando começamos a perdê-lo!

O que não percebemos é que os desequilíbrios acontecem muito antes de se estabelecerem como doença, e que a disfunção é uma manifestação do organismo como um todo e não de suas partes mais sensíveis. Meu coração é fraco, sou diabética, sou obesa de família. Identificamo-nos com nossas doenças e cuidamos delas. Mas, e a saúde? Será que nos preocupamos em identificar os núcleos de vitalidade em nosso corpo e em nossa vida?

A forma como nos **ligamos** às nossas doenças pode ser a dica reveladora da atitude que nos leva a adoecer.

Vejo várias pessoas "doentes" se apegarem às suas doenças como a um álibi, que justifica e preenche seus vazios. São pessoas que consultam vários médicos, de várias linhas diferentes, aparentemente com renovadas expectativas, mas não seguem a orientação nem tomam os medicamentos e desistem da terapêutica para poder continuar a sua busca por atendimentos. Querem ser atendidas, alimentam-se dessa atenção, vivem como se fossem nutridas por essas migalhas de relação, sem se comprometerem verdadeiramente com sua cura. Precisam da doença!

Na verdade, *essa atitude é a sua doença*. A incapacidade de tirar satisfação das relações naturais da própria vida leva-os a transferir essa carência para as relações terapêuticas; em casos desse tipo, a cura poderia privá-los de seu único alimento.

Tenho visto pessoas que na sua proposição de permanecerem doentes, especializam-se habilmente em minar a potência de quem poderia ajudá-las: "Não tem médico para mim" ou "Não acredito em terapias" ou mesmo, "Ninguém é suficientemente bom para me tratar". Estão atuando a raiva e destruindo a potência de outros, para não entrar em contato com a própria impotência para lidar com a vida.

Essas armadilhas estão a serviço da manutenção da atitude causadora da doença, e a medicina clássica, como é praticada, não revela essas barreiras causadoras do desequilíbrio funcional da pessoa. Muitas vezes, a prática médica até reforça esse desequilíbrio, complementando a atitude doente.

Chama-nos a atenção o número de pessoas dependentes de antidepressivos e ansiolíticos. Será que não produzimos mais nossas serotoninas, ou não temos mais acesso ao prazer de viver o cotidiano, ofuscado pela vida colorida que a TV tenta nos vender?

O sintoma da depressão está marcando nossa época e disseminando-se em todos os níveis socioculturais e faixas etárias. Não é mais exclusividade de centros urbanos! É grande a porcentagem de pessoas que vivem na tranquilidade do campo e, queixando-se dessa tranqüilidade, sucumbem à depressão e ao alcoolismo. Já vemos um significativo aumento de indicação de antidepressivos para crianças.

A prescrição indiscriminada e a pressão da indústria farmacêutica colaboram para a propagação da doença e pouco ajudam na eliminação do desequilíbrio causador do sintoma. Ser doente passa a consumir muitos recursos do organismo, esgotando-o, inviabilizando respostas que poderiam auxiliar na mudança da atitude doente. Reforça a dinâmica que impede uma transformação, mantendo a postura passiva de que: "tenho que adquirir fora de mim soluções para minhas dificuldades", "não consigo mesmo", ou "meus recursos não são suficientes", "não tenho culpa, sou doente!"

Essa isenção de responsabilidade acalma a angústia e, por outro lado, tira a potência de cura, mantendo o indivíduo distante de seu processo de ser corpo.

Esquecemos que somos co-autores de nossa saúde e que participamos ativamente, através das escolhas feitas na vida, das condições que criamos dentro e fora de nós.

Se considerarmos a saúde de uma célula e olharmos do ponto de vista do organismo, podemos pensar em um modelo no qual os processos que estão acontecendo naquela unidade influenciam todo o sistema.

A célula que se encontra sob estresse significativo passa a funcionar mobilizando o máximo de seus recursos e disponibilizando baixo rendimento. Isto é, para manter o mínimo de vitalidade, retira energia do organismo. O processo de adaptação e as possibilidades de troca dessa célula estarão definitivamente reduzidos, provocando um colapso e abrindo espaço para a instalação de doenças.

Uma atitude doente encapsula o indivíduo, viciando suas respostas, impedindo a expressão do seu impulso básico de desenvolvimento. Esgota seus recursos sem trazer soluções, restringe sua motivação básica para a sobrevivência.

Hoje não se consegue mais dissociar o indivíduo do seu universo de relação, não podemos falar da saúde sem incluir os processos emocionais que motivam os desequilíbrios endógenos que alteram nosso bem-estar.

Não existe vitalidade em organismos isolados; a saúde inclui a capacidade de perceber o meio em que nos desenvolvemos e a intervenção positiva em relação ao mesmo, criando redes, grupos que realizam o processo saudável de desenvolvimento pessoal, com reflexo na função social.

Estar saudável é mais do que não apresentar sintomas de doenças. Nossa vitalidade se exprime por meio do modo em que nos relacionamos com nossas emoções e sentimentos e atuamos no mundo. *Nossa vitalidade é a nossa capacidade de saúde.*

Antes de manifestar qualquer doença, muitos de nós passam por períodos de grande desgaste emocional, como perdas importantes, crises profissionais ou no relacionamento amoroso. Não percebemos que essas circunstâncias pedem cuidados especiais. Normalmente isolamos o sofrimento, forçando a manutenção da normalidade. Começamos por nos afastar de nossa vitalidade e dos sentimentos reais dentro de nós. Superexcitados, funcionamos como uma máquina em alta tensão ou nos congelamos e deprimimos. Fazemos qualquer coisa para não sentir.

Essa perda de contato com nossas próprias emoções e sentimentos muitas vezes agrava a dificuldade de abrir espaços para elaborar e corrigir nossos desvios e, na maioria das vezes, desencadeia as doenças que nos revelam o nosso sofrimento.

A resignação, a raiva reprimida e impotente e as necessidades emocionais primárias insatisfeitas levam a buscar compensações que comprometem o equilíbrio do organismo do indivíduo como um todo, influenciando as escolhas de atitudes que podem ou não oferecer saídas da condição de desequilíbrio.

O alcoolismo, o tabagismo, a diabetes e mesmo o câncer têm sido associados aos processos psicossomáticos. Federico Navarro descreve a célula cancerosa como um grito de vida dentro de um organismo amortecido, que tenta, loucamente, ter acesso à sua vitalidade.

Navarro, em seu livro *A Somatopsicodinâmica*, acrescentou uma percepção funcional da pessoa, considerando o desenvolvimento do organismo humano como consequência de sua história e ampliando várias questões de influência que eram descartadas dentro da concepção tradicional de saúde.

Este tipo de percepção permite considerar que a nossa história – a história de qualquer organismo vivo - começa na fecundação, já como um núcleo vivo em relação com o útero da mãe e imerso, portanto, em um campo.

Considera também que esta relação já começa a interferir e definir o conjunto de forças que estarão operando para a construção da estrutura do novo ser, em seu processo de desenvolvimento.

Essa abordagem do organismo integrado às experiências de relação amplia a visão e confirma que cada indivíduo é um campo de influências, que não somos como máquinas que dependem apenas de manutenção e ajustes. Fala-nos que nosso organismo é consequência das nossas interações existenciais e é função das experiências emocionais, sensoriais e cognitivas que vivemos . Este olhar altera profundamente o conceito de saúde e as abordagens que se propõem a tratar o ser humano.

A primeira mudança a ser feita é considerar que não sobrevivemos isolados e que as experiências emocionais e afetivas norteiam nosso modo de funcionar na vida, atraindo ou bloqueando nossa saúde potencial. A visão que integra nossos campos de relação considera que estar saudável é expressão de nossas capacidades construtivas, em relação a nós mesmos e aos outros.

Essa mudança de olhar foi extremamente importante para mim: o corpo estava de novo ligado ao seu universo, traduzindo, na forma de pensar, a saúde integrada às várias áreas de expressão da vida: ***Todo nascimento é a emergência de um corpo-estrutura que manifestará o potencial de vida de um organismo.***

Quando traduzimos o processo vivo no corpo, as manifestações de suas influências se revelam muito além do corpo em si. Essa perspectiva encontra suporte na base das terapias corporais que se desenvolveram a partir da concepção do conceito de bioenergia de Wilhelm Reich, pioneiro na abordagem do corpo nos processos psicanalíticos e introdutor da visão energética dos organismos vivos.

Aqui, vamos começar a entender melhor a abrangência de olhar a vida sob a perspectiva energética. A visão energética do corpo e da vitalidade permite a integração do indivíduo com os princípios básicos da vida.

Reich foi um pesquisador incansável na busca do princípio funcional da vida e perseguiu sua intuição em experimentos muitas vezes ingênuos, o que lhe custou a reputação de louco e charlatão. Foi o defensor do olhar que recolocava o indivíduo em relação à vida viva.

A admissão deste olhar coloca as diversas áreas do conhecimento em interação e amplia os acessos aos princípios básicos da saúde, quer sejam físicos, químicos, biológicos ou até matemáticos, revelados nas teorias dos números complexos e dos fractais. Substituímos saúde por vitalidade, ampliando o acesso aos fatores que influenciam nosso funcionamento como pessoa.

Uma das experiências importantes realizadas por Reich nos anos 30, que abriu essa perspectiva, foi feita a partir da decomposição da matéria, quando ele observou a formação de agregados que se auto-organizavam, criando um halo de luz azul brilhante, que ele reconheceu como o princípio da vida: a força de coesão que organiza e incorpora a matéria, produzindo luz.

Essa experiência foi de outra forma confirmada pela química e física contemporâneas, como a condição necessária para a gênese dos processos irreversíveis (processos vivos). Reich representou, com esse experimento rudimentar, as histórias de auto-organização física e biológica associadas à criação e evolução dos organismos na natureza.

Também com experimentos rudimentares, demonstrou que, na natureza, ocorrem situações que impedem a evolução, situações estéreis biologicamente. São estruturas incapazes de evoluir que tendem à desagregação e à morte.

Wilhelm Reich definiu a bioenergia como a expressão da "energia vital" que sustenta os processos biofísicos e a expressão da emoção no organismo. Essa concepção nos permitiu inferir que a vitalidade pode ser considerada como a capacidade de um sistema se ligar, evoluir e se desenvolver.

Muitas vezes, sem nos darmos conta, escolhemos situações a partir de motivações destrutivas e estéreis. Esta base não dispõe de vitalidade suficiente para sustentar e realizar o objetivo. A frustração muitas vezes nos reconduz a caminhos mais saudáveis e possíveis.

Gino Ferri, cientista e analista italiano, atuante dentro desta concepção energética do indivíduo, tem aprofundado as bases teóricas da bioenergia, fundamentando os processos terapêuticos a partir das relações dinâmicas que envolvem nossa vida.

O universo do corpo, segundo Gino Ferri, é percebido como um campo potencial de ressonância, um corpo que vibra. É a qualidade de vibração que permite ou não que haja trocas mais ou menos gratificantes, como já discutimos anteriormente.

Muitas vezes reconhecemos de forma intuitiva as pessoas mais energéticas como aquelas capazes de vibrar com a vida.

Pensamos então em vitalidade como energia, e o processo emocional como a mobilidade, o fluir do nosso agir na vida.

Pensar o organismo como um corpo que vibra em um campo de relação e que influencia diretamente as circunstâncias que vivemos, implica dizer que somos um mar de possibilidades e que nossa realidade é definida pelas escolhas que fazemos, ou melhor, por como nos ligamos e trocamos com essa realidade.

Este tipo de pensamento transcende a estrutura comum de percepção. Assumimos que nossa presença se realiza no aqui e agora e que a qualidade de nossa interação determina os comportamentos. Conseqüentemente, os desdobramentos de nossas influências dizem muito a respeito de nós mesmos.

Começamos então a nos responsabilizar por nossa condição de saúde ou de doença.

Costumamos achar que estamos bem, quando não manifestamos nenhum sintoma de doença física; nunca consideramos a qualidade das relações que estabelecemos ou a característica dos pensamentos que nos ocupam na maior parte do nosso tempo, ou como reagimos às contrariedades e frustrações. E nem nos damos conta de qual parte de nós está respondendo, em nossas atitudes.

Este modo de perceber de que modo influenciamos e somos influenciados é conseqüência da freqüência e da ressonância do campo pessoal, saudável – quando promove vitalidade e desenvolvimento – ou doente – quando promove desagregação e desvitalização.

Só uma percepção que considera o organismo dentro de uma perspectiva funcional e interrelacionada é que pode revelar a forma da estrutura corporal ampla, como base significativa e condicionadora da realidade existencial de cada indivíduo, organização ou sociedade. Possibilita perceber que a realidade que conhecemos está restrita à forma que interagimos com ela.

As medicinas conhecidas como alternativas, oriundas da cultura oriental, e mesmo a homeopatia, já atuam a partir dessa ampliação na percepção funcional do indivíduo, mas as escolas que se dedicam às questões do desenvolvimento da pessoa e ao estudo do desenvolvimento emocional e afetivo ainda relutam em aderir à abordagem reichiana, ignorando o ganho de intervenções possíveis na prática da prevenção e promoção da saúde.

Pensando a partir do paradigma reichiano, passamos a considerar que cada indivíduo traz sua história marcada como um padrão condicionante da estrutura do pensamento, da apreensão da realidade e de sua resposta a ela.

Perceber o homem dentro de uma economia bioenergética é considerar que *acontecemos* como um sistema complexo em interação; isso nos permite refletir sobre nosso desenvolvimento como um fluir na vida. Recuperamos a sensação de unidade. Fluxo sugere movimento, qualidade que permeia todas as respostas interativas.

A ciência começa a confirmar as intuições de Reich. Ilya Prigogine, cientista dedicado aos estudos dos sistemas complexos, biológico ou social, coloca em termos químicos as ligações e as condições que representam nossas capacidades de interação e evolução na vida.

"Às vezes, quando a retroalimentação negativa entra em jogo, estas flutuações são sufocadas ou suprimidas e o equilíbrio do sistema é mantido. Mas quando está em ação a amplificação ou a retroalimentação positiva, algumas destas flutuações podem ser tremendamente magnificadas, a ponto de ocorrer a ameaça do equilíbrio de todo o sistema. Quer seja o resultado de flutuações internas descontroladas ou de forças externas, ou de ambas, esta ruptura do velho equilíbrio frequentemente resulta não no caos ou na fragmentação, mas na criação de uma estrutura inteiramente nova em um nível mais elevado. Esta nova estrutura pode ser mais diferenciada, inteiramente interativa e mais complexa do que a velha e precisa de mais energia e matéria para se sustentar." Este cientista nos fala principalmente sobre reações físicas e químicas que estão presentes na natureza e em nossa vida pessoal e social.

Nosso desenvolvimento físico, emocional e espiritual pode ser concebido dentro do mesmo processo de fluxo, a partir da somatória do desenvolvimento intra e interpessoal, refletindo a vida. Estamos em constante desenvolvimento, em fases fora do equilíbrio, com possibilidades evolutivas ou desagregadoras.

A ressonância conduz ao acoplamento (forma de ligação) entre eventos, com absorção e emissão de luz, isto é, com liberação da energia necessária para elevação do nível funcional, a fim de alcançar condições mais ricas e gratificantes.

Podemos nos perceber como fonte de influências e em interação através de fluxos, como sistemas expostos a constantes flutuações, que podem ser auto-suprimidas, sufocadas pela cultura ou amplificadas por condições intra ou interpsíquica – condições, essas, facilitadoras do processo de desenvolvimento e vitalidade.

Assim, os padrões funcionais estabelecem condições potenciais de saúde e vitalidade ou de doença e estagnação.

Pensando o organismo como um sistema macro e a célula como um sistema micro, poderíamos concluir que as condições que determinam a expressão funcional do macro repercutem no micro, refletindo essa mesma estrutura.

Nos estudos com células cancerosas, Reich anteviu esta inter-relação, preconizando que os padrões funcionais estabelecem os potenciais de saúde e vitalidade ou de doença e desvitalização.

Considerando a estrutura como a incorporação física do padrão de organização do nosso modo de ser, temos que o processo de vida é a *atitude* envolvida na contínua incorporação de experiências ao padrão que modela nosso corpo.

Por fim, perceber o organismo como um sistema vivo e energético permite refletir sobre o acoplamento entre mundo interior e mundo exterior, considerando o conhecimento como ação incorporada, consciência como percepção dos planos de realidades sobrepostos e, dentro de uma linha evolutiva, a constatação de que o corpo conta a história da evolução e desagregação de cada organismo, sociedade ou corporação – o corpo é a concretização de uma história.

Cada corpo existe em interação, influencia e sofre a influência de outros campos, conectado em rede.

Como já dissemos, o fluxo e a interação de campos é a condição que permite o "mover", é a energia vital que sustenta os processos biofísicos e a expressão da emoção no organismo. E-MOÇÃO, mover-se para fora.

Na realidade, nossa emoção é responsável pelas conexões que fazemos com os campos de influência, dentro e fora de nós.

O contato com o nosso fluxo emocional define as respostas possíveis para nos ligar com o mundo que escolhemos para nós.

Lembro como fiquei impressionada ao ler o *Livro Tibetano dos Mortos*, que relata o fluxo contrário, a desconstrução dos corpos e os estados emocionais pertinentes a cada fase que emerge da experiência de ***morte*** dos corpos estruturados.

Estes textos de origem oriental, sobre a natureza da pessoa, revelam uma realidade que nos escapa ao condicionamento do pensar; pensamos sempre a pessoa isolada de sua história e de seus campos de influência.

Esses textos nos contam que são os condicionamentos emocionais que fixam as experiências de medo e as preocupações, desviando e impedindo o processo de morrer se desprenda de um ciclo para ter acesso a uma nova condição de existência.

Por outro lado, de uma forma muito simples, é pelo medo e pela préocupação que nós ocidentais ficamos impedidos de deixar a vida fluir.

A história pessoal conta, em sua estrutura, os momentos de alteração da pulsação básica, momentos de ameaça e risco de vida, em que o organismo entrou em forte contração ou forte expansão, alterando o seu fluxo de vitalidade, alterando o campo emocional.

A memória emocional registra a interação com o campo tenso e remete o sentir a esse lugar de desvitalização, condicionando respostas disfuncionais a situações de subjetiva tensão.

O fluxo emocional reflete a expressão da pessoa no movimento que se revela na interação com outros campos e define os campos a serem conectados.

A Terapia Corporal revela que o nosso corpo é bastante flexível e a beleza está mais próxima da harmonia e vitalidade das formas do que da rigidez de uma forma perfeita. Nosso corpo é também a expressão dos nossos movimentos e escolhas em relação à nossa vida.

Uma pessoa assustada vive com o pescoço enterrado sobre os ombros. Quem vive se contendo desenvolve um aspecto de barril. Pessoas muito narcisistas criam uma cisão forte na cintura, aparentando uma configuração de troféu, apresentando-se como um "busto". Há pessoas que parecem andar nas nuvens, faltam-lhes pés.

A outras falta corpo!

Estas posturas sempre sinalizam como vivemos vazios de nós e sem nos perceber, sinalizando posturas que provocam simpatia ou antipatia. Sem empatia!

Mas é sempre bom lembrar que nosso corpo conta nossa história e muitas dessas posturas são assumidas para nos proteger dos medos e sofrimentos.

Os cortes nas posturas e uma vitalidade mal distribuída vão influenciar na distribuição de gordura e na articulação funcional das partes.

Corpos que parecem se movimentar em bloco, costas rígidas, pélvis afundada pelo medo do descontrole ou "com o rabinho entre as pernas", expressando inocuidade, são posturas muito comuns em nossa cultura que usa a submissão ou o poder como forma de relação.

Muitas vezes buscamos a forma perfeita em modelos que são muito diferentes da nossa forma essencial, desrespeitando a nossa natureza e nos distanciando ainda mais da nossa beleza particular.

A ginástica tradicional da academia, muitas vezes, considera o corpo de forma linear e estereotipada, reforçando o que seria a nossa couraça e afastando-nos ainda mais da nossa harmonia.

Nossa cultura contemporânea tem privilegiado e disseminado indivíduos marcados pelo narcisismo; todos somos pressionados a realizar os modelos eleitos de perfeição física e de sucesso. Frequentamos as academias olhando para os espelhos que refletem padrões para além de nós.

Temos dois tipos de narcisismo, o narcisismo primário, que é saudável e relacionado à nossa auto-estima e cuidado e o narcisismo secundário, que é patológico, a serviço de pseudocontatos (contatos frios, artificiais).

Os traços corporais mais marcantes são: pescoço rígido, ligeiramente flexionado para trás (o que lhes dá um ar de superioridade, às vezes de arrogância), peito inflado (para parecer maior), abdômen rígido (o que garante uma boa distância das funções básicas de excreção), que os colocando na condição dos deuses, muito distantes dos simples mortais. Mas, como deuses de mentira, têm os pés de barro e geralmente apresentam a metade inferior do corpo mais frágil, até mesmo pouco desenvolvida, com pernas finas e pés pequenos. Como no mito de Narciso, só olham para o próprio reflexo, para o que acham que as outras pessoas vêem neles e são prisioneiros da própria imagem, confundem "ser amado" com "ser admirado". Na verdade, escondem uma grande fragilidade e um desejo imenso de aceitação. Não devemos esquecer que estamos falando de maneiras de se defender da dor; no caso, da humilhação.

A forma de barril geralmente está associada a traços masoquistas, pessoas que se equipam para agüentar e controlar o mundo. Geralmente são pessoas grandes, sem cintura, peito afundado, pernas grossas e, às vezes, pés pequenos. São pseudogenerosos, aparentemente sempre disponíveis e, com o seu "esforço" e "bondade", querem muito ser amados. E sentem-se vítimas do mundo. Aqui, a dor é a submissão e a impotência.

É sempre bom lembrar que estes traços são desenvolvidos em função da experiência de resolução ou fixação das fases do desenvolvimento.

Todos nós somos prisioneiros de nossa história até que realizamos o nosso "mito", e a terapia corporal trabalha no sentido de libertar a emoção do medo consciente ou inconsciente que está presente nesse percurso, guiando seu analisando em direção ao amadurecimento. O amadurecimento foi muito bem sintetizado por Federico Navarro, em seus livros, pela da aquisição dos três Hs:

Humildade (um pescoço flexível, lembrando que humildade não é humilhação!),

Humanidade (um peito vibrante e quente, capaz de compaixão) e Humor (uma pélvis vigorosa, com bom jogo de cintura).

Perdemos a capacidade de identificar que são os fluxos emocionais que definem as verdadeiras motivações de nossas atitudes e respostas, que se manifestam fortemente tanto no processo de construção como de desconstrução de nossa estrutura. Mesmo sem nos dar conta, estamos contidos em estruturas emocionais que condicionam nossa fluência na vida.

Qual é o corpo que a situação está chamando a cada momento? E como responder adequadamente, funcionalmente?

A emergente abordagem de religação do corpo a seu mundo de relação pede um trabalho específico sobre a estrutura de percepção da realidade, para que os conhecimentos que estão florescendo, no sentido de forçar o processo evolutivo, não sejam suprimidos e incluídos em mais um artefato teórico.

Qual é a estrutura que permitirá a percepção da realidade mais complexa?

Só uma estrutura mais complexa reconhecerá a realidade no nível mais complexo, isto é, só uma estrutura mais complexa pode acoplar, em uma realidade mais evoluída, com ressonâncias que permitem manifestações e atitudes no nível dessa realidade.

Claro que os avanços da medicina e da ciência oficial têm promovido, e muito, o aumento da expectativa de vida no mundo, mas será que essa ampliação se reflete também na qualidade das trocas com o nosso mundo de relação?

Se pensarmos na saúde dentro desta visão, podemos entender porque a cisão da medicina oficial e o entendimento parcial dos processos sociais têm falhado em sanear a doença e promover desenvolvimento. A valorização dos sintomas induz uma redução da saúde. O sintoma é um recurso extraordinário, mobilizado para a manutenção do equilíbrio interno do organismo em condições de emergência e é importante considerar que, ao interferirmos em qualquer processo sintomático – incluídas as contrações crônicas de estruturas musculares – estamos a lidar com a doença.

A doença pode ser considerada a defesa de que o organismo dispõe para sobreviver. E a relação terapêutica é a ponte necessária para atuar sobre a condição de desequilíbrio, propondo uma nova possibilidade de reorganização do indivíduo. É o agente catalisador da vitalidade. Por isso, é importante reconsiderar a relação médico-paciente, analista-analisando ou terapeuta-cliente, no processo de recondução da saúde.

Uma terapêutica a serviço da saúde pede uma atenção especial às ligações que realizamos com as pessoas de que cuidamos e uma séria reflexão sobre "como" atuar para facilitar o contato com o núcleo vital dos processos que acompanhamos, considerando a "doença", mas também possibilitando a saúde.

Capítulo 6

O corpo social

Não precisamos ser grandes teóricos sociais nem cientistas políticos para perceber que vivemos, hoje, um processo de crise (palavra cuja origem significa "passagem"). O aumento de estímulos externos, a quebra de limites éticos e morais está nos levando ao desequilíbrio, forçando o ponto de bifurcação que conduzirá a uma evolução ou a uma grande desagregação social.

Muitos têm considerado que o mundo está doente. Regras que sempre funcionaram não conseguem mais ser referentes ou balizar comportamentos ou escolhas. Parece que estamos à deriva e a velha fórmula de buscar um porto seguro não responde mais às nossas expectativas.

A possibilidade de perceber o corpo como um sistema organizado permite considerar a sociedade como um organismo que expressa sua vitalidade e suas doenças nos processos que eclodem nas bases de sua estrutura.

Temos nos congratulado com a nossa capacidade de gerar avanços em áreas específicas da ciência e temos nos esforçado para prolongar a vida. Estamos sempre projetando um futuro em que poderemos substituir órgãos, manipular genes, viajar no espaço. Mas o presente tem insistido em nos revelar precários em lidar com as bases de nossa humanidade.

Muitos pensadores vêm se repetindo sobre a necessidade de desenvolver um novo paradigma de pensamento, com a intenção de criar mais acessos para o continente de conhecimentos, que respondam as questões mais urgentes a respeito da nossa inserção na realidade.

A palavra paradigma deriva do grego **paradeigma**, que quer dizer "modelo, padrão" e denota um conceito de estrutura que define uma forma de perceber.

A ciência começa a se dar conta de que a estrutura do pensar influencia profundamente as conclusões de cientistas sobre o processo de reconhecimento da realidade, principalmente quando a questão aborda o que é a vida e como ela acontece.

A discussão em torno das leis da natureza é diferente, conforme seja conduzida no nível da física newtoniana ou no nível das partículas subatômicas, criando dois universos de percepção paralelos, numa intrincada teia de conjeturas sobre a formação da matéria, sobre o comportamento das partículas e o funcionamento da vida e levam a conclusões que limitam a percepção a um plano de coerência.

Quando descartamos o que sai fora do traçado não compreendido por esse plano de coerência, começamos a desconfiar que a estrutura do pensamento interfere na concepção da realidade, e essa é uma questão que vêm se arrastando ao longo da história da ciência.

A tensão básica do pensamento científico limitou-se a compreender a realidade a partir do todo numa concepção holística ou a enfatizar as partes, elegendo a premissa cartesiana que fragmenta essa mesma realidade.

Um passeio pelas posturas de nossos mais ilustres pensadores demonstra essa cisão:

Demócrito, na Grécia antiga, já aventava a idéia de que o universo fosse constituído de partículas indivisíveis, irredutíveis, propondo um universo feito de blocos, idéia que apareceu e reapareceu durante os séculos que se seguiram. Em contraponto, o vitalismo na referência de Aristóteles, pregava: "A matéria contém a natureza essencial de todas as coisas e, por meio da forma, essa essência se torna real em um processo de auto-realização", a enteléquia ou autocompletude.

No século XVIII, o pensamento cartesiano se impôs, e René Descartes, no seu Discurso sobre o Método, criou o pensamento analítico considerando tudo, inclusive os seres vivos, como uma máquina e sustentando que o universo só poderia ser compreendido se fosse fragmentado no maior número possível de partes.

Newton, com a lei de causa-efeito, trouxe uma concepção de ordem para o universo, preconizando seu funcionamento segundo leis deterministas, isto é, a natureza, o cosmo, as sociedades, as pessoas, compartimentadas dentro de uma concepção causal, comportavam-se e interagiam com a realidade, segundo padrões preestabelecidos de causa-efeito.

A partir de então, a ciência se desenvolveu sempre dividida entre esses dois paradigmas, assumindo o pensamento mecaniscista. Esse pensamento suporta que o universo pode ser comparado ao mecanismo de um relógio: uma realidade montada, feita de partes discretas reunidas, onde os fatos se estabelecem como uma sucessão de eventos seqüenciais, em um tempo-espaço plano, que tende a um fim.

A termodinâmica reforçou a idéia dos processos irreversíveis, em que a energia mecânica seria sempre dissipada em forma de calor não-recuperado, prevendo que a máquina do mundo deixaria, aos poucos, de funcionar e em algum momento acabaria parando: "Qualquer fenômeno físico de sistemas fechados e isolados caminhará espontaneamente para a desordem, medida pela entropia do sistema, correspondente à unidade de desordem".

O que não fica explícito nessas discussões de coerência científica é que o processo do pensar é fruto da estrutura de pessoas moldadas fortemente por condicionamentos socioculturais de épocas que revelam padrões de comportamentos e valores possíveis para aquele campo de ressonância, definido pelo grau de desenvolvimento pertinente àquele momento.

O determinismo de alguma forma emergiu, expressando uma necessidade básica da sociedade da época, resolvendo uma questão de ordem. Finalmente conseguia-se uma estrutura de pensar que respondia com previsibilidade as questões a respeito da vida, reforçando a ilusão de que o homem poderia exercer algum tipo de controle sobre natureza, evoluindo de um momento anterior em que a superstição e a ignorância definiam o destino das sociedades.

Resolvida a angústia principal e, assegurado o controle sobre a natureza, começaram a emergir novos desafios estruturais na busca de desenvolvimento e evolução das pessoas que constroem o processo social: a insatisfação com o reducionismo e com o comprometimento da liberdade fez ressurgir conflitos básicos, preceitos defendidos 25 séculos antes pelos epicuristas, que apostavam no inusitado como elemento de evolução do vivo. "Certos átomos desviam-se de modo imperceptível de sua trajetória retilínea em lugares e em momentos indeterminados; é isso que permite à alma, estritamente material, ser senhora de suas representações e livre em seus atos", uma clara alusão ao livre arbítrio e ao processo de evolução. (matéria publicada no jornal *O Estado de S. Paulo*, dia 26/08/2000).

A visão mecaniscista não satisfazia as questões sobre processos de desenvolvimento e complexidade biológica, forçando a estrutura de pensamento a se ampliar para perceber uma realidade mais de acordo com o movimento da vida.

A física, com a entropia, apontava para um mundo que tende para o fim e a evolução indicava que a vida tendia a organizações cada vez maiores e mais complexas.

A ciência, a partir de René Descartes, foi considerando a realidade através deste modelo de pensamento definido e confinado a um plano de raciocínio que exclui a existência de toda uma gama de percepção, negando a realidade que sai do traçado combinado.

Esse padrão estabelecido revelou-se, por fim, pobre, restrito a uma perspectiva de duas dimensões, muito bem ilustrado na história das carpas contada por Michio Kaku, físico dedicado ao estudo das realidades relativas, em seu livro *Hiperespaço*. Lá, ele imaginava existirem carpas cientistas para quem as únicas coisas reais eram aquelas que os peixes podiam ver ou tocar. "Um mundo invisível além do tanque não fazia nenhum sentido científico", o que transforma em maluco o cientista que, retirado do tanque por um momento, entra em contato com o ar e a realidade do mundo.

A pressão da realidade começou a forçar os pensadores a incluir o processo de evolução, revelando que as pessoas nas sociedades contemporâneas já estavam maduras para suportar uma realidade mais indeterminada, sem ter que apelar para o pensamento místico, que pressupõe uma ordem fora de nós e além de nós.

Ilya Prigogine, Prêmio Nobel de Química, demonstrou, a partir da teoria de sistemas complexos, que, na química, as estruturas saltam para estágios de diferenciação e complexidade cada vez maiores, através de uma combinação de acaso e necessidade.

E os biólogos iniciaram um processo de questionamento que rejeitava a visão mecaniscista, demonstrando que a vida acontecia além do plano, em intrincados sistemas interligados e autocontrolados, simultaneamente dependentes de recursos internos e externos aos organismos.

Humberto Maturana e Francisco Varela, biólogos e pensadores da vida, ajustaram à estrutura do pensamento atual uma estrutura sistêmica de pensar, mudando o campo de entendimento do funcionamento dos organismos vivos. Isto é, ampliaram o pensamento, de forma a permitir uma percepção do vivo, através de uma inter-relação de sistemas, considerando a vida como uma rede ligada por um padrão funcional comum. Essa concepção teórica admite cada organismo como um sistema funcional que participa de forma ativa, como co-autor do processo de desenvolvimento e da expressão da vida.

A ciência começa um processo de convulsão e várias áreas do conhecimento iniciam discussões, não mais de suas certezas, mas de seus limites, e buscam ampliar suas estruturas de abordagem para a reconstrução do conhecimento.

Na psicologia, Reich foi o primeiro que, com a visão energética da realidade, mais uma vez inovou, reforçando a necessidade de uma nova atuação no campo terapêutico, fazendo uma analogia entre o corpo pessoal e o corpo social. Concluiu que o desenvolvimento social não vai além da evolução da pessoa. Isto é, *o limite funcional das sociedades está diretamente relacionado ao desenvolvimento emocional das pessoas que compõem essa sociedade.*

Essa assertiva abre um espaço de integração entre o desenvolvimento da pessoa e a evolução das sociedades, não considera as partes isoladas do conhecimento, mas possibilita a construção de uma abordagem biopsíquica-social dos indivíduos que vivem nessa sociedade.

Reich apostava que a saúde social seria conseqüente à atenção dada aos processos de prevenção dos distúrbios emocionais que comprometem a potência dos indivíduos na sociedade e à falta de discriminação de campo, que ele chamou de "peste emocional".

O campo social engloba os dois outros que o antecederam (o materno e o familiar) e está condicionado à saúde emocional e afetiva dos integrantes desta sociedade.

Reich postulava uma sociedade saudável e que esta surgiria a partir de uma geração livre, sem ansiedade e sexualmente madura. Afirmava, principalmente, que a sexualidade natural seria o fator de auto-regulação que equilibraria e orientaria essa sociedade.

Como entender o aumento da agressividade e da violência no mundo contemporâneo pós-revolução sexual dos anos 60?

Na pós-revolução sexual, vemos a geração que a desencadeou e a que foi gerada dentro desse movimento muito distantes do destino saudável vislumbrado por Reich, muito longe de usufruir de uma sexualidade gratificante integrada emocional e afetivamente

Quando penso nos jovens de hoje, fica evidente que o amadurecimento social não se completou e que as pressões de desempenho e sucesso e a extrema competitividade têm criado uma nova forma de autoritarismo que oprime os jovens, confinando-os a situações de sobrevivência.

A pseudoliberação de costumes nos confunde. Ao privilegiar a liberalidade não percebemos nem reconhecemos nossa incapacidade de liberdade, mas perdemo-nos dentro das ideologias, teorias e fantasias, impotentes para transformar a sociedade.

Para Reich, o enraizamento do homem na Natureza pareceu o caminho da libertação do homem de seus próprios equívocos: recuperando sua capacidade de auto-regulação, o homem biológico estaria livre para orientar a própria vida.

É como se a perda do paraíso, nosso estado natural, causasse uma grande desconfiança na abundância da vida viva; trazemos em nossas estruturas a marca da miséria, um confinamento no medo e na luta pela sobrevivência.

Perder a raiz que nos liga à terra, a nossa condição biológica, nos faz lidar com a vida como errantes e estrangeiros no nosso próprio território. Sem lugar, desconfiamos da nossa natureza e funcionamos socialmente, expressando essa marca.

Essa mesma sociedade amedrontada, e portanto violenta e sem corpo, talvez precise reconhecer a necessidade de reequilibro de suas bases para uma ordem social saudável; essas bases estão representadas nos nossos fundamentos biológicos e muito bem descritas nos textos de Maturana e Varela.

Nossa história contemporânea mostra que existe urgência em vitalizar determinados segmentos marcados pela miséria emocional. Está cada vez mais urgente tratar *o corpo social.*

Reich pensava a sociedade como um processo vivo e, assim, nada melhor do que buscar, na origem, as bases biológicas que condicionam e possibilitam nosso movimento de evolução. Pela biologia, temos que todo o ser vivo é um sistema fechado quanto à identidade e a características de forma e movimento, mas aberto para a troca e interação com o meio. ***Com função e comunicação, em evolução***.

Essa é a premissa básica que tomo para refletir sobre a questão do vivo na nossa sociedade contemporânea, admitindo, primeiramente, que os princípios que têm nos norteado fixam modelos e desvirtuam nosso destino, substituindo o conhecimento por teorias e criando uma forte dicotomia entre a fala e o corpo da sociedade.

Lembrando que a sociedade é feita de gente, e que precisamos retomar o acesso aos nossos sensos mais profundos de humanidade, estamos em alerta máximo porque muito do nosso sentir está sendo pasteurizado pelos veículos de comunicação de massa.

As nossas caras projetadas nas imagens da televisão, fazem-nos viver uma representação de vida perfeitamente editada, na medida justa para caber em emoções virtuais: sentimos, choramos, amamos pela tela de uma televisão ou nas linhas de um jornal porque não conseguimos identificar uma vida VIVA em nossos cotidianos.

Estamos assistindo, a todo o momento, imagens de gosto duvidoso que revelam nossas desmazelas. Somos invadidos, massacrados, bombardeados todos os dias com notícias do mundo pelas telas de TV. Se prestarmos atenção, além da aparente excitação, estamos sempre a assistir uma repetição do padrão. Mudam os protagonistas, muda o cenário, mas a cena se repete.

Imagens **glamourizadas**, diretamente via satélite, mas a mesma cena. A violência das guerras injustificadas, a miséria de países sem futuro, as disputas religiosas.

Há décadas, o que mais chama atenção é como as mesmas notícias são apresentadas com recursos cada vez mais sofisticados, emprestando cada vez mais irrealidade ao mesmo fato.

Estamos prisioneiros de uma couraça social e nem nos damos conta. A rapidez com que as informações nos penetram, as transformações, os modismos e as sensações de efemeridade nos deixam desacorçoados, as notícias nos chacoalham, nos suspendem da realidade e, sem referências, vivemos excitados pelas nossas fantasias. Onipotentes, gozamos pelos nossos pensamentos e, sem limites, tornamo-nos pura orgia.

Na verdade, nos enganamos com a rapidez da informação, confundindo velocidade com evolução. Pessoal, não saímos do lugar! Estamos a cada momento reforçando a couraça que nos oprime!

O corpo é a forma que revela o movimento. Se ativermo-nos ao nosso corpo social contemporâneo, perceberemos uma esquizoidia estrutural, uma profunda cisão como nossa marca principal, revelando que o nosso agir não tem ressonância com o nosso pensar.

Nossa história recente está sedimentada no processo de valorização individual, embora o discurso aponte para a necessidade de desenvolver posturas comunitárias. Será que estamos prontos para reverter o quadro de anos de isolamento, de competição e da velha política do se dar bem? Como convencer os indivíduos ainda fortemente marcados pela miséria estrutural, medrosos e desconfiados, a se tornarem abertos aos comportamentos de agregação, de inclusão e generosidade, característicos do convívio em comunidade? Como semear sentimentos de pertencer e de enraizar-se, de discriminação, responsabilidade e compromisso?

Voltando às nossas origens, às nossas raízes biológicas, temos, na fala de Humberto Maturana, os elementos indicadores dos nossos desvios:

"O que distinguimos biologicamente, ao falar de diferentes emoções, são as diferentes disposições corporais dinâmicas que especificam os diferentes domínios de ação em que nós, seres humanos, nos movemos", discriminando que haverá diferentes tipos de relações humanas, dependendo da emoção que as sustenta.

Lembram do jacaré do modelo de MacLean? Pois é, como não considerar as disposições corporais que definem e especificam os domínios de ação que facilitam ou dificultam o nosso desenvolvimento?

Biologicamente, somos seres sociais que incluem o outro em seu espaço de relação, mas a pressão cultural tem deturpado essa nossa predisposição e criado comportamentos de exclusão, negação e elitismo.

Nosso ícone de desenvolvimento é a rede interativa de comunicação, "a internet", onde o nosso contato sensorial vivo é substituído por representações simbólicas de relações fusionais, na qual os territórios pessoais se con-fundem, ao mesmo tempo em que permanecem totalmente intocados, "sem contato", paradoxalmente em rede. Uma mistura de mística e alienação.

Nós, indivíduos sem limites, nos tornamos expandidos e paralisados. Sem contorno, não nos tocamos, não nos sentimos, ressentimos de nossos campos e de nossas membranas para nos reconhecer. Confundidos, perdemos a ressonância da comunicação e, estranhos, nos tornamos uma ameaça ao outro; paranóicos, isolamo-nos para nos defender.

A *descorporificação* dos indivíduos da nossa sociedade contemporânea, reduziu nossa capacidade de autopreservação, expondo-nos ao risco. Sem corpos, assumimos posturas infladas e, sem limites, criamos comportamentos onipotentes que contribuem para a desestruturação dos valores humanos.

Transcendemos os limites do moralismo vazio, mas esquecemos de construir uma base mais humana para nossas referências socioculturais.

E é dentro dessa visão parcial que vivemos o momento de ruptura para a transformação dos nossos valores. Precisamos amadurecer para poder agir a partir da disposição afetiva, que dará as condições necessárias para realizar o processo de evolução da nossa sociedade.

Por um lado, convivemos, no nosso cotidiano, com recursos tecnológicos de extrema sofisticação; por outro lado, vivemos uma profunda crise de identidade, deslocados e massacrados por modelos cada vez mais exigentes. Criando disposições corporais que inviabilizam a experiência amorosa.

Trago o contraponto que emerge em todo processo vivo, tomemos como exemplo a química, que nos conta que, nos pontos de instabilidade, a ordem emerge espontaneamente e a complexidade se desdobra (Ilya Prigogine).

Podemos reconhecer sementes de movimentos que sugerem a transformação de uma delicada interação entre a energia do vivo e as estruturas sufocadoras das nossas couraças sociais:

A flexibilização da estrutura familiar acena como uma solução para as nossas necessidades de evolução, trazendo diversidade de valores e qualidades de influências, diluindo referências que demoravam gerações para se resolver.

Recuperamos para nós novas referências de famílias, baseadas em escolhas que consideram as diferenças e as necessidades das pessoas, que não se acomodam à couraça familiar antes indissolúvel. Essas novas combinações estão trazendo, com mais veracidade, soluções criativas para essa estrutura matriz de nosso grupo social.

Outra evolução dos costumes foi a entrada maciça da mulher no mercado de trabalho, após séculos de exclusão, acrescentando suas características às respostas do universo social antes restrito aos homens; tais características são, hoje, essenciais para a evolução da nossa sociedade que pede um enredo novo, temperado com intuição e sensibilidade: recursos necessários para um fortalecimento do processo de evolução.

Outra renovação de costume é a sociabilização precoce das crianças, conseqüente à menor disponibilidade das mães para o acompanhamento na educação, o que força o ingresso precoce nas escolas ou creches, permitindo que se desenvolva uma percepção mais afinada com nossa necessidade de colaboração e limite para a convivência em comunidades.

A flexibilização da couraça social começa a permitir um contato mais vigoroso com os espaços vivos dentro das nossas estruturas de conhecimento; recuperamos, por exemplo, a ecologia como uma ciência de integração do homem com a natureza e a discussão dos sistemas educacionais acenam à possibilidade de formar indivíduos "ligados" à sociedade e à natureza.

É a flexibilização que permite a consciência do caos como possibilidade da criatividade evolutiva e como espaço aberto para reorganização, um momento potencial de rupturas e transformações para um destino ainda não definido. A gestação de uma forma à espera do movimento: **O nascimento de um novo corpo coletivo.**

Não temos as respostas que resgatam nosso desejo de liberdade e auto-satisfação, desejo que nos foge a cada intenção de apropriação e dominação do nosso destino, mas sabemos dos nossos vícios.

Esse processo em curso que coadjuvamos, com a difusão maciça da tecnologia da informação, que acelera a transformação do cotidiano das pessoas e desencadeia a crise (passagem), pode nos conduzir a uma nova condição de liberdade e abundância ou a mais miséria e aprisionamento; dependerá de como se acomodarão os novos valores e as novas funções colaboradoras.

O processo tem sido mais evidente nas estruturas empresariais que representam o corpo crítico da nossa sociedade pós-industrial, foco do poder econômico. São as empresas que podem oferecer valores ou descartá-los, ajudando, ou não, a gerar as mudanças sociais necessárias.

Segundo Maturana, existem duas emoções pré-verbais que permitem as interações recorrentes: a rejeição e o amor. O amor abre o espaço para consensos de conduta e linguagem, funda o humano"; a rejeição nega o espaço de convivência. "Os seres humanos inventam discursos que negam o outro, portanto negam o amor." São ameaças à nossa humanidade: o elitismo, o racismo, a marginalização de minorias, armas muito usadas por estruturas que controlam e manipulam o poder.

Por exemplo: a substituição do homem pela máquina nas produções, nas criações e nas estruturas funcionais das empresas tem gerado uma grande população de desempregados, excluídos do modelo que até então qualificava os cidadãos.

Isto traz à tona que o desequilíbrio entre a oferta e a procura de trabalho, numa sociedade que ainda valoriza o capital, o poder de consumo e o status social acima de tudo, pode ser o desencadeador do doloroso processo de desagregação social, que pode minar as bases da nossa evolução. Na realidade, estamos provocando emoções em massa que disparam as atitudes de disputa, medo, e desconfiança, condições de ameaça, negação que esvazia o potencial amoroso.

Realmente nossa sociedade caminha para um momento de readaptação de um modelo antigo para um novo. Mas, como estamos participando dessa fase do processo?

Como lidar com a nossa dependência estrutural das formas de poder? Queremos agradar os poderosos, precisamos ser aceitos, reconhecidos para nos sentir incluídos socialmente.

Será que estamos aptos a nos libertar da nossa vocação de escravos, a nos libertar da vida sob comando, aptos a deixar de encarar o emprego e o empregador como nossos avalistas?

Os esforços feitos para nos libertarmos do nosso trabalho, seja criativo ou burocrático, têm nos feito refletir sobre o sistema empregatício que nos controla e se apropria do nosso tempo, que nos oferece identidade, mas nos condiciona a permanecer ligados a estruturas centralizadoras de poder.

Se pudermos discriminar nossa relação com o trabalho, desenvolveremos novas características sociais, poderemos gerar condições de empresas e governos desvencilhados de atitudes paternalistas, atuando como organizadores e gerenciadores de talentos.

Num raro momento de individuação (amadurecimento de todas as funções afetivas e emocionais, segundo Reich, a circulação da potência do indivíduo) com uma recolocação funcional e colaboradora da sociedade.

A passagem do trabalho dependente para o autogerenciamento do potencial criativo e produtivo transformaria a relação com o trabalho e com o nosso desenvolvimento como sociedade. Seríamos acionados nos pontos em que escolheríamos parceiros, cuidaríamos dos vínculos e poderíamos conviver mais nas nossas estruturas límbicas (MacLean), seríamos, portanto, mais construtivos e pacifistas.

Esse processo pede uma análise profunda das condições emocionais e afetivas que estão atuando em formas de ligações ou exclusões sociais, trazendo à luz as condições possíveis que estão operando dentro de nossos movimentos.

Por isso, penso que o ponto sensível dessa transformação seja repensar a transformação básica (transformação é o ato de mover):

Medo – Raiva – Impotência, para Identificação – Expressão Criativa – Prazer.

Hoje vivemos um momento em que um grande número de pessoas começa a se preocupar com projetos comunitários para ajudar na evolução social.

Um projeto de desenvolvimento de saúde social deve considerar as pessoas como parte viva da estrutura da sociedade, e é o trabalho processual com as pessoas que pode criar condições de transformações sociais.

Nossa história recente tem se preocupado com a implantação do senso comunitário; temo que estejamos provocando um profundo equívoco: estamos impondo modelos sem considerar realidades.

O senso comunitário se estabelece a partir de um amadurecimento social, quando as condições de sobrevivência estão garantidas e a evolução pessoal ressoa com mais vigor.

Sebastião Salgado, fotógrafo brasileiro cujo talento se expressa em revelar pessoas nas expressões que consegue captar em suas lentes, em uma entrevista recente que assisti na GNT, comentava a capacidade de adaptação do ser humano: resistimos a condições de extrema precariedade, alienando-nos delas. Ele se referia à situação de uma cidade arrasada após um bombardeio e se surpreendia com as pessoas sobrevivendo, sem perspectiva, sem recursos, mas se adaptando àquela miséria extrema.

Ele refletia que a alienação inviabiliza a transformação. Só enraizar-se na realidade permite mover-se dentro dela!

As marcas biográficas da sociedade brasileira ainda não cicatrizaram e corremos o risco de agir por motivações humanitárias, mas sem entrar em contato com a nossa realidade que ainda traz registros significativos de fome e miséria estruturais.

Como disse anteriormente, a saúde não pode mais ser considerada isolada de seus campos de interação. Um corpo social desnutrido traz, em sua estrutura, a voracidade predatória, como resposta ao meio em que vive.

A voracidade é violenta, não podemos ignorar as marcas que a submissão deixou em nossas entranhas. Poder e submissão ainda são os códigos de relação social que utilizamos. Um indivíduo privado de tudo que, lutando pela sobrevivência, se submete às mais humilhantes condições, esse mesmo indivíduo, ao adquirir alguma força, se tornará violento para descarregar sua raiva.

Não podemos mais agir como mães que, querendo descansar, convencem o filho de que ele está com sono, provocando desconfiança e inibição do seu próprio sentir. Penso que o movimento de mudança social deve ser mais profundo e conseqüente do que acalmar o nosso próprio medo, o medo das elites e governantes responsáveis por anos de abandono e de desvalorização das pessoas que compõem esse corpo.

"A fome do mundo é de atenção."

Madre Tereza

Capítulo 7

Neste corpo tem gente!

A brasilidade do corpo

Consideramos, então, por tudo que foi discutido até aqui, que a emoção define o domínio de ação e condiciona um campo de influência, o que confirma que é de suma importância atermo-nos às nossas motivações reais e aos campos em que atuamos, para ajustar nossas expectativas de realizações.

Tanto no âmbito pessoal como no coletivo, as bases de realização estão nos processos de inter-relação entre o corpo e o meio que o contém. A relação viva pode ser a chave transformadora da realidade.

A cada momento, vemos emergir, no coletivo, idéias e conceitos "da moda" que passam a ser agregadores de ações e avalistas de movimentos. Hoje, as bandeiras são as ações sociais e comunitárias.

Acho bastante importantes as ações que visam à inclusão de mais grupos e a percepção de que esse é o momento de dar atenção a atitudes que ampliem o nosso campo social. Mas não podemos ser ingênuos e esquecer que estamos atuando além de nossas esperanças, nossos vícios.

Alguns cuidados precisam ser dispensados para que não sejam fortalecidas as velhas armadilhas:

Precisamos ter cuidado com o oportunismo predatório, com a ganância que vê, no novo momento, mais um nicho de mercado a ser explorado; cuidado com a nossa vaidade que é acionada sempre que se pede um salvador da pátria. (Corremos para jogar a bóia para salvar o outro, mas assim que aparecem os fotógrafos, exibimos nossos feitos e esquecemos de puxar a corda, e depois da foto registrada, deixamos o outro se afogar).

Embalagens novas para vender velhos produtos!

Temos muitos vícios emocionais que repercutem nas nossas ações sociais.

Nós, brasileiros, somos estruturalmente matriarcais, isto é, nos relacionamos com pouca discriminação do campo de ação, queremos ser maternados, esperamos indulgências e tolerâncias em territórios em que compromisso e responsabilidade são necessários. Nossas atitudes são pouco discriminadas.

Desculpamo-nos por nossas falhas, não cumprimos prazos, esperamos vantagens e, freqüentemente, esquecemos nossos deveres. Estamos aprendendo nossos direitos!

O aprendizado da cidadania do qual nos ressentimos revela nossas marcas.

Priorizamos ainda o interesse individual (marca da miséria), para depois considerar o interesse coletivo.

Na nossa estrutura cultural, há outra marca da miséria: a cisão entre a fala que reconhece o outro, respeita e colabora e a atitude que usa o outro em proveito próprio, tira vantagens da miséria e se exclui de responsabilidades. Ser marginal pressupõe vantagens: ignorar limites e regras e permitir-se certos mimos justificados.

Somos tolerantes conosco, ainda vivemos em campo materno!

O hábito de fazer as próprias regras e a eleição de prioridades de conveniência excluem o coletivo e revelam nossa imaturidade social.

Nossa história de mentira e manipulação nos deixou desconfiados e cínicos em relação ao nosso verdadeiro valor.

Por que, em vez de seduzirmos as camadas mais pobres da população com promessas de sucesso, não atualizamos seu valor, aceitando-as como seres humanos e provendo o que lhes é de direito?

Pequenas verdades! Não grandes eventos.

Nem todos somos músicos excepcionais, artistas talentosos ou craques de futebol, mas somos pessoas iguais no nosso desejo de pertencer e de ser aceito, nas nossas fragilidades, medos, desconfianças e ambivalências.

Os excessos, os grandes feitos, às vezes vêm para esconder a escassez, gerando mais miséria. Um campo vigoroso sustenta realidades, não precisa ludibriar para iludir o outro e adiar as atitudes necessárias para desenvolver as pessoas que compõem esse corpo social.

A minha experiência em trabalhos comunitários mostrou que ainda precisamos tratar das pessoas para recuperar o processo de evolução.

Sempre que governos e universidades se ocuparam com o tema ficou a impressão de que havia um grande distanciamento de foco e que não se cuidava das necessidades reais e objetivas. Os projetos eram impostos à população que era obrigada a engolir "pacotes do bem" que visavam aos interesses dessas entidades, sem respeito às suas realidades. Muitas vezes, as pessoas da comunidade, ao invés de se sentirem convidadas para os projetos criados em seu nome, sentiam-se ainda mais humilhadas e excluídas.

A população ainda está a sustentar as vaidades e os interesses políticos e não é realmente atendida com respeito e com atitudes realistas que incluam as suas necessidades.

Projetos que não consideram a realidade do grupo prestam um grande desserviço à população, porque inviabilizam outras abordagens. Cansei de ver projetos serem abortados porque a motivação principal era justificar verba para a universidade, cumprir um programa político ou até mesmo cobrir a carga horária de alunos de graduação.

De novo nossa esperteza em aproveitar oportunidades sem medir conseqüências!

Somos infantis e inconseqüentes porque nunca lembramos que do outro lado tem gente!

"Compreender inclui, necessariamente, um processo de empatia, de identificação e de projeção" (Edgar Morin, no seu livro *Os sete saberes necessários à educação do futuro*).

Se acessarmos nossas verdades, poderemos voltar a confiar e a ter esperança e respeito. Essa parece ser a chave para a transformação dos nossos traços coletivos mais marcantes.

Somos ainda produto de uma matriz que desrespeitou as nossas bases, somos frutos de exploração e mentiras. Crescemos como filhos usados por pais vorazes, que perdem o senso de valor e atuam violentamente, por não saber se podem expressar sua indignação, por não se saberem dignos!

Precisamos resgatar nossas verdades, para poder, a partir delas, nos mover na nossa realidade, como disse Sebastião Salgado!

O corpo revela a expressão mais concreta da nossa capacidade de evolução, neste momento da história da nossa sociedade.

As nossas formas, consideradas como padrão de referência de um determinado grupo social, muitas vezes se comportam como se estivessem em realidades paralelas, mas, com um pouco de atenção, descortinam-se tênues pontos de interseção.

Nos extremos, temos que o corpo dos mais ricos e o dos mais pobres – embora com evidente diferença de trato – podem estar sofrendo do mesmo mal.

Os nossos pobres miseráveis que sem ter o mínimo vão desistindo de comer, de pensar, de amar e lutam para sobreviver, sentem secar em seus corpos a dignidade, com um forte prejuízo para seu senso de humanidade.

Os mais ricos e poderosos, fixados na perpetuação da riqueza e do poder, distanciam-se da realidade, fixando em seus corpos o medo de morrer, conservando-se às custas do próprio viver. Equívoco que também lhes seca a vida viva nos corpos.

A humanidade preterida por objetos de desejo, é minada e se perde, por não encontrar ressonância dentro.

Parecer é melhor que ser; ter substitui compartilhar; manter é mais cômodo do que transformar e aceitar as novas realidades emergentes.

Olhando os corpos que temos hoje, podemos pensar em duas realidades distintas: o miserável seca e se desumaniza pela precariedade material. Sem esperança, atua as marcas da miséria, revelando a violência. Reagindo à excitação da raiva pela dor de não ter, mata dentro de si a vida.

Os que muito têm se apegam para evitar a dor de deixar de ter; por medo, se defendem, se excluem e matam a vida viva por não tolerar a impermanência.

De um lado a raiva e o ódio, do outro o medo. Nestas condições, pouca evolução será possível, até porque não existe o elemento transformador que é a relação viva e afetiva com a realidade de cada um.

Estar no corpo e se reconhecer corpo passa a ser uma primeira aproximação com nossa realidade.

O corpo tem limites e impõe limites. Temos sono, fome, cansamo-nos, adoecemos e morremos.

A consciência de estar no corpo nos faz humanos. E, humanos, recriamos uma ligação diferente com a realidade de fora e com os outros humanos com os quais convivemos.

A humanização da nossa sociedade é uma das poucas saídas para conseguirmos a evolução necessária que nos revitalize e capacite a sermos considerados uma sociedade viável. Saneada de nossos vícios e mentiras que só nos deixam humilhados e cínicos em relação ao nosso valor.

Somos corpo pessoal, corpo social e corpo cultural, interligados, à espera de vitalidade e recuperação da nossa dignidade!

Neste nosso corpo social também tem gente!

Posfácio

A vida é auto-evidente. Precisamos aprender a olhar, a ver e a reconhecer.

Quando nos situamos em nossa vida a partir da inter-relação dos fatos, ganhamos perspectivas e discriminações importantes para nossas escolhas.

Um olhar que vê reconhece a vitalidade nas várias circunstâncias em que é solicitado e reconhece também a falta de condições necessárias à sustentação destas circunstâncias. Um olhar saudável ajuda a discriminar a medida do investimento e o tempo do retorno, em todas as situações em que nos envolvemos.

São as situações que se repetem e que nos incomodam profundamente, que nos oferecem soluções. Em geral irritamo-nos com elas e tendemos a pensar que somos incompetentes e não saímos do lugar. Mas são justamente essas situações que nos contam sobre a nossa cegueira.

Olhar com atenção e focalizar o universo em que nos inserimos nos devolve autonomia.

Sem perceber, escolhemos o tempo todo nossas condições, tanto internas com externas. Desde o que vamos comer até as prioridades do dia e as respostas que daremos a cada situação apresentada. Claro que a maioria de nós não se dá conta desta forma de participação na vida. Estamos sempre projetados no futuro ou mergulhados em nossas pré-ocupações. Cegos para a realidade, grudados e apegados aos nossos desejos, sucessos e fracassos. Perdemo-nos!

Sentimos sempre essa confusão porque não temos a percepção da importância dessas situações em nossas vidas.

Se nos comprometermos com o nosso olhar, com o sentir e o agir, estaremos vitalizados.

Em um artigo brilhante sobre os desertos e o empobrecimento da vida, Reich nos conta sobre os sinais de morte e desagregação que não são percebidos nessas áreas.

Ele pesquisou as pessoas que viviam em áreas pobres em recursos naturais, quase desertas, e verificou a ressonância do deserto na estrutura física, emocional e afetiva dessas pessoas. Constatou que o deserto de fora seca a vida por dentro. Como se a aridez criasse um campo que só permite a manutenção, em seu continente, de pessoas que se assemelham a ele, demonstrando a estreita relação entre o dentro e o fora.

Essa percepção de que reagimos ao meio e agimos de acordo com a nossa capacidade de focar a atenção à realidade que nos é possível, mostra a rede de interferência que condiciona nossos pensamentos, palavras e gestos. E, por outro lado, mostra como o mundo responde a nós.

Dentro desta perspectiva, ganhamos recursos para reconhecer melhor as oportunidades de nos ligarmos aos núcleos de maior vitalidade, seja em relação a nossa saúde física, seja em relação as nossas ligações amorosas, ou com o grupo social.

Hoje, existe um arsenal de livros que ajudam a reconhecer nossas doenças, verdadeiros tratados para nos classificar como hiperativos, compulsivos, anoréxicos, ciclotímicos, etc. Poucos nos contam sobre nossa saúde e sobre os recursos naturais e legítimos que possuímos para nos vitalizar. Será que isso também não é uma evidência do nosso modo coletivo de olhar?

Um olhar estreito apequena a vida e um olhar expandido demais nos projeta para fora dela. Um olhar saudável nos devolve realidades.

Por fim, gostaria de afirmar que todas as considerações aqui descritas são fruto da forma com que minha estrutura de sentir, perceber e refletir tem acesso à realidade, traduzidas pelo meu modo de pensar e de me expressar. Fruto do amadurecimento de minhas experiências como cidadã, terapeuta, mulher, mãe, filha e pessoa.

E, como ninguém vai além de si mesmo, peço desculpas por eventuais falhas ou omissões.

Até porque... aqui também tem gente!!!

Referências bibliográficas e leituras de apoio

CAPRA F. *A Teia da Vida*. São Paulo, Cultrix, 1998.

DAMASIO A. R. *O Erro de Descartes*. São Paulo, Companhia das Letras, 1996.

FERRI G., CIMINI G. Composição Analítica: Tempo, Relação e Complexidade. *Anais da Academia de Ciências de Nova York*, Vol. 879.

FERRI G., CIMINI G. *Psicopatologia e Carattere, Una Lettura Reichiana*. Roma, Anicia, 1992.

KAZI DAWA SAMDUP *O Livro Tibetano dos Mortos*. São Paulo, Hemus, 1994.

KAKU M. *Hiperespaços* (2000), Rio de Janeiro, Rocco.

KELEMAN S. *Realidade Somática* (1994), São Paulo, Summus.

KELEMAN S. *Amor e Vínculos* (1996), São Paulo, Summus.

MACLEAN P. *A Triune Concept of Brain and Behavior* (1973), University of Toronto Press, Toronto.

MARINO JR., R. *Fisiologia das Emoções* (1975), São Paulo, Sarvier.

MATURANA H. *Emoções e Linguagem na Educação e na Política* (2002), Belo Horizonte, UFMG.

MATURANA H. *A Árvore do Conhecimento* (1995), Rio de Janeiro, Psy.

MORIN E. *Os Sete Saberes Necessários à Educação do Futuro* (1999), São Paulo, Cortez.

NAVARRO F. *Somatopsicodinâmica das Biopatias* (1991), Rio de Janeiro, Relume Dumará.

_____. *Somatopsicopatologia.* (1996) São Paulo, Summus.

_____. *Metodologia da Vegetoterapia Caractero-Analítica.* (1996), São Paulo, Summus.

_____. *Caracteriologia Pós-Reichiana.* (1992), São Paulo, Summus.

NIN A. *Em Busca de um Homem Sensível* (1980), São Paulo, Brasiliense.

PRIGOGINE I. *O Fim das Certezas,* (1996), São Paulo, Unesp.

PRIGOGINE I., STENGERS I. *A Nova Aliança.* (1997), Universidade de Brasília.

REICH W. *Análise do Caráter* (1989), São Paulo, Martins Fontes.

_____. *O Assassinato de Cristo* (1991), São Paulo, Martins Fontes.

_____. Man's Roots in Nature (1990). In *Orgonomic Funcionalism,* vol. 2, Maine, USA.